JN128849

コンビニ商法　契約の罠

――ファミマ元オーナーの体験記

新藤　正夫　著

本の泉社

はじめに

今、コンビニ商法をめぐる問題が噴出しています。残酷な二四時間営業の強要、たとえ赤字経営でも本部が莫大な上納金を吸い上げるコンビニ会計、契約・解約をめぐるトラブル…力関係で圧倒的な優位に立つ本部だけがもうけを増やす仕組みのコンビニ商法の暗部が露呈しているのです。

私はファミリーマートのコンビニを一〇年六ヵ月営業し、閉店時に多額の違約金を支払わされた元加盟店のオーナーです。解約時の精算金三七二万円余の支払いに抵抗した私を、フランチャイズ・チェーン本部は、東京地裁に提訴しました。残念ながら、裁判官に私の主張は認めてもらえず、敗訴に終わりましたが、コンビニ商法の無法ぶりは、今も何一つ変わっていません。フランチャイズ契約をし、本部の横暴なやり方に悩む方々、これからコンビニオーナーになろうと思っている方に少しでもお役に立てれば、と思いこの本を出版します。

本書は「廃業して分かったFC契約の怖さ―ファミマ元店主の体験記」として二〇一〇年七月に発行。二〇一七年六月に増補改訂版を出し、関係する方々から大いに役立ったとご好評をいただきました。今回は、オーナーたちが悲劇に引きずり込まれる大本である〝コンビニ会計〟の仕掛けを資料から解き明かしたのを始め、各所の加筆補正を行い、タイトルも一新して発行することといたしました。

コンビニ商法に潜む問題を知る一助になれば幸です。

目次

プロローグ

町から「○○屋さん」と呼ばれる小売店が目に見えて減っています。タバコ屋さん、米屋さん、駄菓子屋さん、薬屋さん、電気屋さん、などなどです。代わって増えたのがコンビニエンスストア。店頭で扱う商品を生鮮食品、お惣菜、淹れたてコーヒーなどにも拡げ、二〇一八年末には全国で五万五〇〇〇店舗を超えました。年間売上高は約十一兆円にもなります。加えて、大規模スーパーマーケットやドラッグストアの進出が、個人商店の淘汰につながっています。

いわゆる「規制緩和」により、コンビニでも酒・タバコの販売が解禁され、ドラッグストアでは、パン、スナック菓子、お米、卵まで売られるようになりました。消費者にとってはなるほど「コンビニエンス」—便利で手間がかからない重宝な存在かもしれません。インターネットのHPには、次のようなPRが掲載されています。

「自己資金六〇万開業、年収一〇〇〇万、町の便利屋、全国チェーン独立開業オーナー募集中、中高年四〇~七〇歳が大活躍」

「公式オーナー募集　一緒に創っていく。FC加盟店への運営サポートをさらに強化。助成金、支援金制度を新設。給与をもらいながら店舗経験が積める。ひとりで独立が可能」

単行本も、「まんがでわかるセブン‐イレブンの16歳からの経営学」、「商売で大切なことは全部セブン‐イレブンで学んだ」、「セブン‐イレブン流98％のアルバイトが『商売人』に変わるノート」

など礼賛本が売られています。

ところが、実態はどうでしょう。フランチャイズ本部と契約して店舗を営むコンビニオーナーにとっては、「便利で重宝」どころか、きわめてリスクの高い商売なのです。

フランチャイズ契約に基づくコンビニ経営が抱える問題は、いっこうに改善されないばかりか、逆に顕在化しています。

ブラック企業大賞

コンビニ商法をめぐる象徴的な出来事の一つはコンビニ最大手のセブン‐イレブン・ジャパンが二〇一五年一一月に受賞した「第四回ブラック企業大賞」です。

「名誉ある」この賞にノミネートするには、▽企業に違法行為や離職者が多いこと、▽法律違反と過酷な労働環境が存在すること、などの条件が必要とされています。ノミネートされた理由には次のように書かれています。少し長くなりますが紹介します。

「二〇一三年八月、同社のフランチャイズに加盟する店主四人が、販売期限が近い弁当などを値下げして売る『見切り販売』の権利を妨害されたとして、損害賠償を請求していた裁判で、東京高裁は妨害の事実を認め、セブン‐イレブン側に計一一四〇万円の支払いを命令。一四年一〇月に最高裁が本部、加盟店双方の上告を棄却したことで判決が確定した。

セブン本部による見切り販売妨害については、〇九年に公取委が独禁法で禁じる『優先的地位の濫用』に当たると認定し、排除命令を出していた。

『見切り販売』に代表されるセブン本部の不当な経営圧迫に対し、加盟店主らは、〇九年に『コンビニ加盟店ユニオン』を結成して団体交渉を要求、同社は加盟店は労働者ではないと主張し、団体交渉を拒否してきたが、一四年三月、岡山県労働委員会が加盟店主らの労働組合法上の労働者性を認め、救済命令を出している。

昨今、学生アルバイトを正社員並みに、しかも学生生活に支障をきたすなどの低待遇で使役する『ブラックバイト』が社会問題化しており、コンビニバイトはその代表的な業種である。コンビニ本部各社は、こうした問題の責任は個々の加盟店主らにあるとして自らの責任を否定してきたが、コンビニ業界にブラックバイトが蔓延するのは、本部が加盟店主から過酷な搾取を行い、そのしわ寄せが学生アルバイトに及んだ結果ともいえる。こうした構造はコンビニ各社で共通するもの」で「前記事件がコンビニ業界の構造を示す象徴的事件であるといえる」

このノミネート理由は、コンビニ問題の核心をついているといえます。

本書では、私の体験を振り返りながらフランチャイズ契約に潜むコンビニ商法の闇を解き明かしていきたいと思います。

第一章　まやかしだった「共存共栄」

私がフランチャイズチェーンのコンビニエンスストアの問題を世に訴えたい、と思ったのは、「本部とオーナーは共存共栄」といいながら、実態はそれと著しく、かけ離れていたからです。セブン‐イレブンなどのやり方が、あまりにもひどく、コンビニオーナーにとって過酷であることは、これまでにいくつかの出版物や報道などで明らかにされてきました。しかし、それはセブン‐イレブンに限ったことではありません。私が一九八七年から九七年まで携わったファミリーマートもその例外ではありません。

いま、インターネットでフランチャイズチェーン（ＦＣ）を検索すると、新たな起業を目指している人々に向けて、言葉巧みな勧誘が展開されています。その一歩を踏み出す前に、もう一度踏みとどまってじっくり考えてほしいと願っています。

私の体験からして、リスクのない商売はない、ということです。それはＦＣも例外ではないのです。そして、十分検討しないままにいったん足を踏み入れると、抜け出すことのできない仕組み、落とし穴が待ち受けています。「共存共栄」とは正反対の「強存強栄」であることを思い知らされることになります。

FCを始めたころ

そもそも、私がコンビニエンスストアを営業することになったのはなぜか、そのきっかけについて最初に触れます。私の家は、埼玉県川口市の都市近郊の農家でした。二男として生まれた私は、高校卒業後、会社勤めをしていました。コンビニを開いた川口市柳崎は、四〇年ほど前までは、まだ農地が多く、わが家でも年間八〇〜九〇俵程度の米作を営んでいました。

それが、急激に進む都市化現象のなか、一方で固定資産税が上がり、他方で、米価は一俵当たり一万五〇〇〇円から二万円と、低く抑えられ、農業だけでは生活できなくなってきました。当初は兄と私が土日祝日に農業をおこない、母も近くの工場に勤め、三人の収入で何とか生活費をまかない、固定資産税を納めるという暮らしを続けていました。

たまたま、通勤する途上、ファミリーマート*の店舗を見かけました。そのつてをたどって資料を取り寄せました。ファミリーマートはいま、伊藤忠商事の傘下にありますが、その当時は、西友のグループ企業でした。西友なら埼玉ではなじみもあり、一種の信頼感・安心感のようなものもありました。

勤めていた貴金属のリサイクル会社は、ボーナスが年に四回支給されるなど、待遇はけっして悪くなかったのですが、営業職だったので、業績が第一です。数字を上げないといけません。コンビニ営業ならサラリーマンと違って、勤務時間やノルマに縛られることもなく、収入も安定するだろ

う と考えました。

※（株）**ファミリーマート**（本社・東京都港区）＝西友ストアを母体として一九七八年八月、一般募集によるフランチャイズ一号店（二四時間営業）を千葉・船橋市に開店。八一年九月、商号を「（株）ファミリーマート」に変更して事業を開始、店舗数八九。九八年二月、西友より伊藤忠商事グループの傘下に入る。二〇一九年二月二八日現在、内外に二万三八一四店舗（うち国内七三八四店舗）となっている。チェーン全店売上高は三兆一六〇億六四〇〇万円（二〇一八年二月期）。

立地計画

私がコンビニを開いたのは一九八七年で、ビジネス誌はこうした営業を展開するコンビニを「時代の寵児」のように扱っていました。ファミリーマート本部が一九八六年一一月三日、私に提示した事業計画では、開店に必要な経費は次のとおりです。

▼工事関係費　四五〇〇万円
▼契約関係費　二〇〇万円
▼商品関係費　一五〇万円
▼その他を含め合計　四九三〇万円

私が用立てられるのは四三〇万円しかありませんでした。そこで父から土地の提供を受け、二階建ての建物は父親名義として一階を店舗（建築費用二〇〇〇万円）に、二階を賃貸のアパートにしました。資金五〇〇〇万円を、返済計画一五年、金利は年六・四%で父から借り、当初は毎月三五万円を返済することにしました。

「事業計画書」には次のように記されています。

〇開店候補地の柳崎一丁目に近い競合店としては北東九〇メートルのところにマルエツ、〇同四九〇メートルのところにセブン‐イレブン

この二店舗のみであることが示されていました。

また、損益計画書によれば、売上高（日商）は次のように算定されていました。

【日商】

初年度（一九八七年）＝三〇万円

七年度（一九九三年）＝四八万円

【年間営業利益】

初年度＝五六六万円

七年度＝一四六五万円

この数字のように伸びていく見通しであれば、営業も成り立ち、借り入れの返済も可能だと判断して、一九八七年一月一六日に正式に契約の運びとなりました。

第二章　コンビニ乱立でトラブル激増

開業に踏み切った当時は、コンビニは全国で一万七四〇八店舗でした。ファミリーマートが二〇〇〇店、セブン‐イレブンが三〇〇〇店という時代です。それが次第に乱立し、契約更新する一九九五年には、二万九一四四店舗で一・五倍へと急増します（社団法人「日本フランチャイズチェーン協会調べ）。その影響は当然のことながら、私の業績にも及びました（なお、二〇一九年一月のコンビニ店舗数は五万五七七九となっている）。

確かに、営業利益は、以下のように表向き順調に伸びていました。

初年度（一九八七年）＝　六九三万二〇〇〇円（当初予想　五六六万八〇〇〇円）
二年度（一九八八年）＝　九〇八万七〇〇〇円（同　九〇二万六〇〇〇円）
三年度（一九八九年）＝一〇七七万七〇〇〇円（同　一〇八五万二〇〇〇円）
四年度（一九九〇年）＝一二七四万三〇〇〇円（同　一一七七万三〇〇〇円）
五年度（一九九一年）＝一三二六万二〇〇〇円（同　一二六八万二〇〇〇円）
六年度（一九九二年）＝一三二〇万一〇〇〇円（同　一三六四万五〇〇〇円）
七年度（一九九三年）＝一四五一万円（同　一四六五万七〇〇〇円）

七年間で二倍に伸びた計算ですが、一九九四年から九五年ごろになると、営業利益は減っていきました。開店八年目に一四七二万円あった営業利益が、九年目には二七％もダウンし、一〇六九万円まで落ち込みました。

一〇年も使うと店舗の老朽化も進みます。加えて近辺に新しい設備を備えた競合店が増えてきたことにもよります。

コンビニ経営をめぐるトラブルが表面化するのは、一九九〇年代の終わりから二〇〇〇年あたりにかけてです。日本フランチャイズチェーン協会が公表している統計データによると（左表）二〇〇六年度から二〇一八年度の一三年間に、同協会が取り扱ったコンビニのフランチャイザー（本部）

2018年度フライチャンズ相談件数

月	件数	内訳	
		①	②
4月	26	9	17
5月	28	10	18
6月	13	4	9
7月	15	4	11
8月	17	4	13
9月	16	7	9
10月	27	14	13
11月	21	13	8
12月	14	8	6
1月	27	15	12
2月	17	7	10
3月	18	6	12
合計	239	101	138

①フランチャイザーとフライチャンジー間のトラブル
②その他の相談等
(日本フランチャイズチェーン協会ホームページより)

とフランチャイジー（加盟店舗のオーナー）とのトラブルは一三二八件です。年平均一〇〇件を超えています。この間に同協会が取り扱った全相談件数二九四二件のうち四五％以上をフランチャイザーとフランチャイジーのトラブルが占めています。

マスコミでも問題に

私がオーナーになって三年目あたりから、経済誌などが「ロイヤルティが高くて、それを取られると生活費は残らない」「オープン前の説明と現実が違う」「契約内容が一方的で、利益を手にするのは本部だけ」といった苦情が続出していることを取り上げていました。

コンビニトラブルを取り扱っている弁護士のレポートによれば、典型的な相談事例として次のようなケースをあげています。

（1）新しいフランチャイズチェーンを立ち上げたので加盟しないかと勧誘を受けた。これまで日本になかった将来有望な分野のフランチャイズでモデル店舗での売上げは順調に伸びている。限定募集なので今すぐに加盟しないと次には加盟金が上がってしまうといわれた。大丈夫か。

（2）エリアエントリー契約という形態で三枠の加盟契約をしたが、出店場所が確保できず出店できない。出店後の初期投資も相当かかるので、解約したいが、加盟金は一切返還しないと契約書に記載されている。どうしたらいいか。

（3）コンビニを開店して二ヵ月になるが、契約前の日販予測の六割程度しかない。店を移転しないかと言われたが、会社を辞めているし、もう少し頑張れば売上げが上がるのではないかと思う。移転に応じる義務があるのか。

（4）日販が予測に反して上がらない。日に四〇万円くらいしかなく、経費を差し引くと利益が出ない。債務が増えて赤字になり、本部からはほかから借り入れて一括返済するよう迫られている。そうしないと、引出金（オーナーに本部が支払う給与）を止めるといわれている。

（5）あと二年でコンビニ契約が満了する。しかし、売上げが伸びず、中途解約を申し出ると、精算金支払に加えて、解約違約金が発生する。アルバイトの経費も出ない状態なので、自分が働いているが、体力も限界だ。うまくやめる方法はないか。

日本フランチャイズチェーン協会に寄せられるコンビニトラブル相談のなかでも、「多い順に『解約に関する相談』、『申込金・加盟金返還』、『本部不信』、と続き、近年同傾向である」と説明しています。このように、最も深刻なのが、一度足を入れたら絶対に抜け出せない「金縛り」に追い込まれることです。

第三章　無視される公取委ガイドライン

コンビニのトラブルが増えていることを受けて公正取引委員会は二〇〇二年四月、「フランチャイズ・システムに関する独占禁止法上の考え方について」と題するガイドライン（以下「ガイドライン」）を出しました。

ここでは従来、本部とオーナーの間でトラブルの原因となった契約時の十分な情報開示、「見切り販売」禁止、取引上の地位は本部側が優越していることから、事実上、力ずくでオーナー側に従わせることなどは独禁法に触れることなどを明確に指摘しました。

これは、このような不透明かつ一方的な契約や独占禁止法に違反する行為が横行していることを示しているといえます。

「ガイドライン」は、「一定の事項について情報開示・説明義務が課されており、また、業界において、フランチャイズ契約に関する情報の登録・開示が推進されているが、独占禁止法違反行為の未然防止の観点からも、加盟希望者の適正な判断に資するよう本部の加盟者の募集に当たり、次のような事項について開示が的確に実施されることが望ましい」としたうえで、開示すべき八項目を例示しています。

（１）加盟後の商品等の供給条件に関する事項（仕入先の推奨制度等）

(2)加盟者に対する事業活動上の指導の内容、方法、回数、費用負担に関する事項
(3)加盟に際して徴収する金銭の性質、金額、その返還の有無及び返還の条件
(4)加盟後本部の商標、商号等の使用、経営指導等の対価として加盟者が本部に定期的に支払う金額(以下ロイヤルティという)の額、算定方法、徴収の時期、徴収の方法
(5)本部と加盟者の決済方法の仕組み・条件、本部による加盟者への融資の利率等に関する事項
(6)事業活動上の損失に対する補償の有無及びその内容並びに経営不振となった場合の本部による経営支援の有無及びその内容
(7)契約の期間並びに契約の更新、解除及び中途解約の条件・手続に関する事項
(8)加盟後、加盟者の店舗の周辺の地域に、同一又はそれに類似した業種を営む店舗を本部が自ら営業すること又は他の加盟者に営業させることができるか否かに関する契約上の条項の有無及びその内容並びにこのような営業が実施される計画の有無及びその内容

本部が予想売上げ、予想収益を提示する場合には、「類似した環境にある既存店舗の実績等根拠ある事実、合理的な算出方法に基づくことが必要である」としています。

そのうえで、十分な情報開示をせず、虚偽や誇大な開示を行ったり、実際よりも著しく優良、あるいは有利であると誤認させるような誘い方をした場合は、「ぎまん的顧客誘引」(不公正な取引方法の八項)に該当すると指摘しています。

フランチャイズチェーン事業の適正化を定めている中小小売商業振興法でも、第一一条で本部が、加盟店と契約を結ぶ際、加盟金、保証金、販売条件、経営指導、商標・商号などの表示とともに、「契

約の期間並びに契約の更新及び解除に関する事項」（第五項）について書面できちんと説明することを義務付けています。しかし、その説明も初めてコンビニ経営をしようとする素人にとっては、きわめて複雑で分かりにくいのです。困難な事態に直面して初めてその意味が分かるといっていいでしょう。

裁判でも、「オーナーになろうとする者に対し、FC本部は予定店舗についての的確な情報を収集するとともに、その情報を（オーナーに）開示して、FC契約を締結するかどうかの判断の資料として提供する義務がある」とした判決も出ています。

日本FC協会もこうした指摘を受けて、自主的な「倫理綱領」で、①（オーナー）募集にあたって正確な情報の提供、誇大広告をしない、②提供する情報は、契約の内容、モデル店の過去の実績、投資額、収益予想など十分な材料の提供、③十分な予告期間を与える、と定めました。

しかし、「倫理綱領」も公取委が示したガイドラインのいずれも法的拘束力はなく、不当な扱いを受けたオーナーらは、目下のところ正当性を認めてもらうため、裁判所に判断をまたなければなりません。

本来なら、この特殊な商形態を有するコンビニエンスストアをきちんと規制する法律があってしかるべきです。

身を粉にして

私が痛い目に遭ったのがこの「解約」をめぐるトラブルでした。日本フランチャイズチェーン協会の相談や先に紹介した弁護士のレポートにも出ているように、解約に直面して初めて加盟店がその不当な契約に気付かされることになるのです。

私は、一年中、身を粉にして働き続けてきたのですが、店舗経営からの営業利益は極めて少なく、自分の収入はすこぶる少額なものになっていました。

ファミリーマート本部は、オーナーである私には、毎月七〇万円以上の引出金があり、さらに三ヵ月に一度配分金があり、一九九五年は約一〇九六万円の収入があるので、平均的サラリーマンの収入を遥かに上回る額であるから、生活に困窮していたなどとは到底言えないといいます。しかし、全く事実に反します。そのような収入があれば、私は毎月九〇万円以上の生活費があることになりますが、そうではありません。

ＦＣ本部が上記のような収入が得られるとする計算の基礎は、二四時間営業を続けることを前提に、三人ないし四人が目いっぱい働いたとすればこうなる、というものです。あるモデルによれば、深夜労働を含み、月に五四〇時間も働いてやっと得られる計算です。

売上高はタバコの仕入代金や人件費などの諸経費を差し引いて本部に送金して、そのなかから月引出金や配分金が私の方に支払われるのですが、そこから家賃として毎月四八万円（父への返済金。

当初より増額）等を支出するのです。そのため、確定申告における所得が年間一三九万円にしかならなかったのです。

第四章　拒否された店舗改修費負担

私は一九九四年二月にフランチャイズの更新契約をしました（「契約更改（再契約）に関する覚書」一〇〇ページに掲載）。それに先立ち新たな契約書の内容について、納得できない部分がありました。そこで、いくつかの点について、本部に説明を求めました。

タバコの仕入れ、記帳、棚卸などに関し、本部の指導に基づく損益計算書では税務申告の際、説明しにくいこと、七年間の契約期間を満了した店舗が、再契約で新規契約と同じ期間のペナルティーが課せられること、など四項目です。しかし、納得いく説明は得られませんでした。

その後本部から店舗の全面改装をするようにとの示唆がありました。ところが、その改装費は数百万円で、これは全額私の負担となるとのことでした。私にはその資金の工面は到底見当がつかない状況でしたので、私は全面改装はお断り致しました。

そこで、一九九五年一二月一日、ファミリーマート本部に対して以下のような改善要望を提出しました。

【契約に関して】

1　販売奨励金の算出は、現状営業利益の実績に基づき基準値を月平均した額に準じて算出し決済勘定の貸方に計上し、貴社の事業年度の末日に確定精算を行うが、年間の売上げは様々であり、ましてや外的要因・季節需要の著しく差異の発生するＦＣ店に至っては、年度末の確定精算で奨励金の返還をしなければならない。月次での暫定支払いではなく、固定比率による算出方法に改善し、トラブルの要因を取り除いて頂きたい。

２　契約の上でＰＯＳシステム（注・旧式のレジスターに換わり、バーコードで商品・価格を読み取る装置）の保守費は、月額九九〇〇円を委託費として支払っているが、三ヵ月に一度の保守点検で修理・保守が実施され、システムの便宜性が図られているとは考えにくい。修理があれば店側の依頼により出向いて頂ければ、その都度経費精算するといった形態に切り換えて頂きたい。要するに保守と点検は別枠として理解して頂きたい。

３　帳票記録として仕入れデータリストの提出をして頂いているが、明確性に欠け理解しにくく、フォーマットの改善をお願いしたい。また、本部支払い代行によるシステムの活用をし、第二四条に定める本部引渡金より代わって仕入れに関する納品を実施して頂いているが、店側にはデータリストと、損益書に計上される合計仕入額だけで、各取引先毎の支払い明細書、領収書などの明確化された報告書は提出して頂いていない。明確化を要望したい。

【更新に伴う全面改装について】

１　契約更新後（一九九四年二月一日）全面改装の依頼を受け、前向きに検討したが、実質利益と今後の資金運用を冷静に判断したとしても、数百万といった資金の工面は到底検討もつかず、旧式の店舗のままの運営を余儀なくされている。また、什器、設備の老朽化が著しく修理費等の負担も容易ではなく、部分的な改装及び設備投資を各店舗の状況に応じ、ある価格帯別改装方法の整備化を検討して頂きたい。

店舗の老朽化

そのころになると、私の店舗は七年も経て、古びてきていました。カウンターのところにあるレジスターが一台しかないことも不便でした。近所に新たにでき始めたコンビニエンスストアに対比して、カウンターも不便でした。そこで、私は全面改装はできないけれど、差し当たり改善を要する五項目について、本部の費用負担で部分的改装をして欲しいと要望しました。

更新したフランチャイズ契約書によれば、「乙（加盟店）が営業上の改善を目的として貸与物件の取り替えまたは新規購入を希望するときは、その旨を甲（本部）に文書により申し出をすることになっており、「この場合の貸与物件の購入費及び設備費用は甲（本部）の負担とする」と書いてありました。私は不慣れでしたが、要望書を作成して本部に提出しました。

レジスターが一台しかないというコンビニ店は近所にはありません。コンビニエンスストアは売っているものも、できあがった商品や日常使用の商品が多く、お客さんのニーズとして手軽に買って迅速に会計するということが大切です。レジの前に三人も四人も並んで待っているということは絶対に許されません。ところが、レジスターが一台だけですと、一人のお客さんが大量に買った場合や、一度に数人の会計をする場合には、レジの前に並ばせてしまうことになります。また、毎日、売上金の確定作業をすることになっており、そのためにレジスターを五分位止めなければならないので、その間お客さんを待たせたり、確定作業を中断したりする必要があり、これがすこぶる不便でした。

保守作業や補修の際には、全くレジが機能しなくなり、その際にはレジスターがどうしても二台は必要であると思っていました。そのため、私は本部にレジスターを二台にするよう求めました。

カウンターについても、ぜひ改善してもらわなければならないと思っていました。私の店舗では、入り口を入ってくると右側に一直線のカウンターがありました。

複数のお客さんが並んでいるとき、後ろに並んで待っているお客さんは買い物を入れているカゴを手に提げているのです。私は同業者の店内を観察したところ、私の店の場合には、店の入口の所をL字型にするとお客さんがカウンターにカゴを置くことができ、また、お客さんが並んだときでも、他のお客さんの邪魔にならないことがわかりました。

宅急便の取扱いや商品の荷受けの際などに、L字型であれば入口を入った右側のスペースを使うことができますが、直線だと入ってすぐの場所で荷物の扱いをしなければならず、これも出入りの妨げになってしまいます。そのため、私は、本部にカウンターをL字型に改善するよう求めました。

私としては、多額の本部フィー（加盟店が本部に支払う上納金）を支払っていることでもあり、また、何より自分の資力がないことから、何とかこれらについて本部の負担で部分的改装をお願いしたいと望んでいました。このことはもちろん、口頭でも繰り返し要望していましたが、結果的には一片の回答書で拒否され、改装は実現しませんでした。

レジスターもカウンターも本部から貸与されている物件で、契約書でも改善費用は本部の負担で行うことが明記されています。これをやらなかったことは契約不履行であることは明らかです。

第五章　〝コンビニ会計〟の正体

本部との長い交渉の末、一九九六年八月にやっとレジスターが二台に増設されました。しかし、その他の要望は全く改善されないままになっていました。このような状況で、私の店舗の経営はすこぶる困窮した事態となりました。

その理由として、近所に客用トイレや最新の設備が整い、機能的にデザインされた競合店舗が多数できたことが挙げられます。私の店舗のファミリーマート川口柳崎店は柳崎一丁目の交差点のそばにあります。ところが、私の店舗で取り扱っている商品を販売する店舗が次々とできてきたのです。

一九九三年、角上魚類、九四年、八百藤、コンビニエンスやねもと、高木酒店、九五年、みのや酒店などなどの店が相次いで進出。さらに既存の店では、営業時間の早朝繰上げや延長がおこなわれました。このように、狭い地域で多くの競合する店舗ができたことから、私の店舗の経営は苦しくなったのです。

損益計算書

項目	95年1月　月次		94年2月～95年1月			
	実績	売上対比	前年対比	実績	売上対比	前年対比
Ⅰ売上高	円	%	%	円	%	%
1．商品総売上高	15491473	100	92.29	194181498	100	98.97
2．営業収入	54261	0.35	101.01	923701	0.48	107.29
売上高合計	15545734	100.35	92.32	195105199	100.48	99.01
Ⅱ売上原価						
1．月初〔期首〕商品棚卸高	4151860	26.8	97.55	3725726	1.92	110.17
2．当月〔当期〕差引仕入れ原価	10693260	69.03	91.43	141703973	72.98	97.99
〔当初仕入高〕	11135582	71.88	93.84	144285594	74.3	98.5
（商品値下高）	－201433		117.58	－1961913		115.65
〔棚卸増減〕	－240889		36498.33	－619708		358.01
合計	14845120	95.83	93.06	145429699	74.89	98.27
3．当月末〔期末〕商品棚卸高	3461512	22.34	92.91	3461512	1.78	92.91
売上原価合計	11383608	73.48	93.11	14196187	73.11	98.4
Ⅲ営業総利益（Ⅰ～Ⅱ）	4162126	26.87	90.2	53137012	27.36	100.65
Ⅳ本部フィー及び奨励金						
1．ファミリーマートフィー	1456744	9.4	90.2	18597947	9.58	100.65
2．奨励金（24時間）	－87283		83.89	－1125767		93.25
3．最低保証補填金	0			0		
4．販売奨励金	－166485			－2198863		
本部フィー及び奨励金合計	1202976	7.77	79.62	15273317	7.87	88.44
Ⅴ収入（Ⅰ－Ⅱ－Ⅳ）	2959150	19.1	95.36	37863695	19.5	106.59
Ⅵ営業費						
1．従業員給料	1049151	6.77	72.86	13708297	7.06	107.62

2．福利厚生費	0			0		
3．募集費	0			0		
4．商品値下損	201433	1.3	117.58	1828301	0.94	100.96
棚卸増減	240889	1.55	498.33	619708	0.32	358.01
6．用度品代	58835	0.38	80.57	726408	0.37	102.36
7．修繕費（含保守料）	25900	0.17	92.5	340340	0.18	94.06
8．水道光熱費	353211	2.28	98.71	3902949	2.01	108.6
9．清掃費	25400	0.16	74.28	375370	0.19	
10．電話料	14042	0.09	6382.73	205501	0.11	89.28
11．損害保険料	0			2916		100
12．営業雑費	130549	0.84	191.46	1471348	0.76	104.6
13．支払利息	0			6864		1661.99
14．現金過不足	8429	0.05	418.31	113267	0.06	156.13
15．受取利息	− 200			− 13129		39.54
16．受取送金手数料	− 11400		95	− 147600		99.6
営業費合計	2096239	13.53	96.88	23140540	11.92	110.47
営業利益（Ⅴ − Ⅵ）	862911	5.57	91.86	14723155	7.58	
月引出金	714240	4.61		8500910	4.38	
配分金	0			7437728	3.83	
営業利益残高	148671	0.96		− 1215483		

損益計算書の説明

弁当賞味期限の問題も損益計算書から見ることができます。

当月差引仕入原価の項目、95年１月に商品値引高が－20万1433円となっています。これがそのまま、加盟店の利益減少につながる仕組みは、下の欄、営業費の損として同じ金額が計上されています。それを証明しているのが、この「損益計算書」です。本部が提示した「コンビニ会計取扱説明書」では、「棚卸在高と帳簿在高との差異は加盟店の負担とする」となっており、損益計算書にある「棚卸増減」で24万円余りのマイナスになっているのが弁当などの廃棄分に相当し、加盟店が払わなければならないのです。

二つの「利益」のからくり

このことは本部から得た**損益計算書**（二八、二九ページに掲載）からも指摘することができます。九四年二月～九五年一月の「商品売上高」が前年対比で九二・二九％に落ち込んでいます。売上げが伸び続けるという本部の当初の説明とは違う事態になってきたのです。このころは、毎月のように商品売上高の前年対比が一〇〇を割っていて、売上高が減少していました。

また、損益計算書を見ると、九五年一月の売上高合計一五五四万円余に対し、営業利益は八六万二九一一円です。この営業利益のなかから七一万円余が「月引出金」という名目で私に支給されました。（差額の一四万円余は「営業利益残高」として蓄積されます）。しかし、八六万円余の営業利益から、私は家賃（借金返済分）を支払い、もろもろの生活必要経費を支払わなければなりません。サラリーマンとは違って国保料や夫婦二人分の国民年金保険料、各種税金などの支払い分も多額になります。従って、生活も苦しい状態となったのです。

寝る時間も削って家族ぐるみで頑張って働いても、営業利益がこの程度にしかならないのはなぜか。損益計算書をつぶさに見ていくと謎が解けます。

一つは、実際の損益にかかわりなく、本部が吸い上げる高額のフィー（上納金）をまず確保するシステムになっていることです（**次ページ「コンビニ商法の怪　二つの〝利益〟」計算式参照**）。

そのからくりは「利益」の項目が二つあって、本部が吸い上げるフィーを計算するときの「利益」

コンビニ商法の怪 二つの“利益”

＝損益計算書95年1月分から読み解く＝

① 本部フィー35％を課す「営業総利益」計算式

売上高－売上原価（仕入れ原価＋在庫品原価）＝営業総利益

（1554万5734円－1138万3608円＝**営業総利益416万2126円**）

※営業経費を除外して算出する“利益”。※廃棄された商品（商品値下高）、万引き被害などの商品（棚卸増減）原価を売上原価から差し引き、その分営業総利益を増額。

②オーナー取り分の「営業利益」計算式

売上高－売上原価－営業費＝営業利益

（1554万5734円－1138万3608円－209万6239円
＝**営業利益86万2911円**）

※「営業総利益」から除外した廃棄商品分など（商品値下損、棚卸増減）を営業費に付け替え、オーナーの営業利益から引いている。

と加盟店主の「利益」がまったく別になっていることにあります。

本部は、売上高から売上原価を差し引いたものが「営業総利益」だと称して、その三五％を本部フィーとしてまず取ってしまいます。アルバイトの人件費、水道光熱費など、もろもろの営業経費は一円も計上しないものが「総利益」で、そこから本部の取り分を計算しているのです。

九五年一月の私の営業利益として損益計算書に計上されているのは八六万円余です。ところが本部は、この五倍近い、四一六万円余の「営業総利益」を作り出して、その三五％一四五万円余が「ファミリマートフィー」になっています。うち奨励金として戻される分があるので、それを差し引いても本部の取り分は一二〇万円を超えています。

実際の経営が赤字で生活費に困窮する状況であっても、そんなことに関わりなくはじき出される「総利益」から多額のフィーを得る仕掛けになっているのです。

商品廃棄分まで売上高

損益計算書から見えてくるもう一つの問題は、商品廃棄や万引き被害などでロスとなった商品の扱いです。

この間、いわゆる「コンビニ商法」「値引き販売禁止」がしばしばメディアでも報道されました。「コンビニ会計」では、消費期限を過ぎた商品を廃棄する損まで高率のロイヤルティ（フィー）を課しています。「ロイヤルティ」とは特定の権利を利用する利用者が権利を所有する者に支払う対価のことで、ここでは、加盟者がＦＣ本部に払う対価を指しています。

通常なら、廃棄分は欠損として利益から差し引くのが商取引の常識でしょう。ところがコンビニ会計では、捨てざるをえなくなった商品分まで対価を支払うので、廃棄が増えれば増えるほど本部の利益もまた増える仕組みです。

損益計算書（九五年一月　月次）を見てみましょう。

「当月〔当期〕差引仕入れ原価」から、「商品値下高」（弁当などの廃棄ロス分）として二〇万円余、「棚卸増減」（万引きなどによるロス分）として二四万円余がマイナスとして計上され、仕入れ原価から四四万円余が引かれています。その分「営業総利益」が膨らみます。実際に関係なく本部の取り分を増やす仕掛けの一つがここにあります。

一方、損益計算書の営業費欄を見ると、「商品値下損」「棚卸増減」あわせて四四万円余全額が加盟店オーナーの負担になるように計上されています。「仕入れ原価」から消された商品ロス分は、そっくりオーナーの負担に移し替えられているのです。

一カ月で一日分の食品を廃棄

ロス商品からまで本部が上納金を吸い上げる問題は、国会の予算委員会（二〇一四年二月一六日・衆院）でも取り上げられました。穀田恵二議員（日本共産党）の質問がそれです。

穀田氏は「ＦＣ本部ばかりが儲かり、加盟店に大きな負担を強いる不公正な取引の仕組みを改め、共存共栄できる公正なルールづくり」を求め、その中で、業界で出る食品の年間廃棄量について見解をただしました。それによると、一店舗平均売れ残り食品と、鶏のカラ揚げの残り廃油が一二・三キログラム（大手コンビニチェーン協会発表）で、セブン‐イレブンでは、一か月当たり一日分の売上額に匹敵する食品廃棄を基準にしていることが明らかにされました。

政府側は「一般の会計では仕入原価は売れ残り商品を含めて計算するのに対して、一般にいわれるコンビニ会計は、廃棄された商品でなく、売れた商品の仕入額を控除する――ここに違いがある」と認めています。

公取委のパンフレットでも「この方式の下では加盟者が商品を廃棄する場合には加盟者は廃棄ロス原価を負担するほか、廃棄ロス原価が売上原価に算入され、売上総利益に含まれない方式に比べて、不利益が大きくなりやすい」と指摘しています。

ところが、この不公正を正すことについて政府は、「ＦＣ契約は、本部と加盟店との間で締結される事業者契約なので、その具体的な内容については行政が関与するのは適当でない」と消極的です。

第六章 解約時に初めて知る高いリスク

当初の事業計画に基づく本部の説明とは異なり、実際の売上げは上昇するどころか下降するようになったことは予想外のことでした。次に営業費用のなかで高額になったのが人件費でした。私の店は他の同業者と同様に二四時間営業であり、そのアルバイト代は次第に高額になりました。このことも店の経営を苦しくする要因となりました。その出費を減少させるために、私共家族が頑張って働くことにより、経費の削減を図りましたが、そのことが体力的にも精神的にも負担がかかり、家族の不満が増すことになりました。

そもそも加盟店が日販五〇万円を上げるという計算の基礎にあるのは、加盟店の店主が一日の休みも取らず、一日一〇時間、月に三〇〇時間も労働し、残りを妻子やアルバイトでまかなうことで営業を続けなければ不可能な数字です。

このような状況のなかでも、私は自分の店を守るために必死に努力し、頑張ったのですが、一九九七年になっても事態は改善されることはなく、このまま営業していてもただ苦しいだけの生活となりました。私は近隣の同種店舗に比べて来客用トイレがないことの不便さや、カウンターの改善を本部に訴え続けましたが、本部は「費用負担はできない」という態度でした。私は毎月多額の本部フィーを支払っているのであるから、そして本部が日ごろ共存共栄と言っているのであるから、私たちが苦しい時は本部の力で店を改善して欲しいとお願いしましたが、全く取り合ってもらえない状況でした。そのため、私はこれではこの店舗を経営し続けても破綻してしまうことになるので、閉店せざるを得ないと考えました。

本部に占拠された店舗

一〇年間ファミリーマートをやってきましたが、一九九七年になり、閉店することを決意しました。経営をし続けることも苦難でしたが、閉店することも大変であることを考え、弁護士を通じて契約の解除をお願いしました。その結果、九七年六月二七日付内容証明郵便により、九七年八月三一日をもってフランチャイズ契約を解約したのです。(**「フランチャイズ契約の解約に関する契約書」九七ページ掲載**)

そこで、フランチャイズ契約を解約し、私の店舗を閉店することを前提として話し合いが七月九日から進められました。私の方からは契約解除を主張しているのに対し、本部は、私の方から中途解約の申し入れがあったということを前提にして多額の費用請求をしてきました。設備撤去費用として八五万円、貸与残存簿価として一五〇万円、中途解約金として四二一万円、閉店手数料として八万円の合計六六四万円を要求されました。

これは私には納得し得ないものでした。経営状態が悪く、生活も苦しい状況で、その上このような大金の支払いを求める本部の要求に応じられるわけもありません。

交渉の結果、本部側の請求総額は三七二万円まで引き下げられたものの、話し合いは最終的に不成立にならざるを得ませんでした。

この話し合いのなかで、私は以下の三点を訴えました。

①金銭の請求をされてもお金を持っていないこと

②今後もコンビニエンスストアをしていきたいと考えているが、その費用は新たに借金をせざるを得ない状況であること

③店舗設備はすべて本部の所有物という形になっているため、私が勝手に設備を撤去することもできず、次の仕事ができない窮状にあること

しかし、本部は、私の窮状を理解してくれません。私としては折り合いがつかないからといって店舗を使用しないで放っておくわけにもいかず、抜き差しならない状況に追い込まれました。

私は頭がパニック状態になり、混乱しました。なぜならば、店は本部に占拠されている状態であり、裁判をして何年も争って次の仕事ができなければ、生活もできない状況であって、私の生活のすべてが破綻することが明白だからです。これは正に恐ろしいことであり、追いつめられた事態でした。もはや本部の要求に屈せざるを得ませんでした。

私はすぐに本部に連絡をいれ、その後本部の言うがままに「フランチャイズ契約の解約に関する契約書」に署名・捺印をしました。

人生を失いかねない恐怖感

当時の私の率直な心境を言うと、早くフランチャイズ契約を解約して本部が店舗から撤退してほしい、そうしなければ、私は仕事もできず、家庭も崩壊し、人生そのものを失ってしまうという恐れがありました。

本部は「フランチャイズ契約が解約され、清算がなされない限り、本部は設備の撤去ができないのは当然である」としていますが、このこと自体が私の店を人質にとっているのも同然です。それを盾に、「本部の要求を呑まなければどうしようもないだろう」という脅迫行為にほかなりません。

また、経済的に強大な力の差を有する者が、弱者に対し力ずくで要求を押しつけてきた場合、弱者はこれに応じなければすべてを失ってしまうのです。

先に紹介したフランチャイズ・システムに関する独禁法上のガイドラインでは、「中途解約」について、次のように指摘しています。

「フランチャイズ契約を中途解約する場合、実際には高額の違約金を本部に徴収されることについて、十分な開示を行っているか」

「中途解約の条件が不明確である場合、加盟希望者の適正な判断が妨げられるだけでなく……、加盟者はどの程度違約金を負担すれば中途解約できるのか不明である」から、「契約上明確化することが望ましい」

公正取引委員会が一九八二年に定めた「不公正な取引方法」は、力のある企業が、「相手方に不利益となるような取引条件を設定し、又は変更すること」を「優越的地位の濫用」に当たるとしています。私はまさに、「優越的地位の濫用」による被害者だったと思っています。

第七章　リース契約の落とし穴

コンビニフランチャイズとは、表現を変えた一種の金融業であることに気付いたのは、実は解約時でした。

解約時に、本部が一九九七年一一月一九日付で「最終財務報告書」を提示してきました。最も不可解だったことは、「残存簿価」です。最終財務報告書をみると、残存簿価として八四万円が請求されています。その内訳には、スパンドレル（看板のベース・枠組み）、看板など店舗正面の外装、什器（じゅうき＝店舗での商用機材）類が含まれています。建物、付属設備、機械装置、器具・備品などの固定資産について、一定の割合で会計法上、減価償却が認められています。ところが店舗開店以来、一〇年以上経っているのに、まだ残存簿価が計上されていることに驚かされました。

本部のリース契約で背負わされる借金

それ以上におかしいと感じたのは、「リース契約」の存在です。最初に本部からもらった書類では、什器類は「貸与」となっていたので、本部が購入し、加盟店はそれをまた借りしていると思うのは当然です。本来なら、最初に設備・機械装置のリースをした本部が「残存簿価」として計上すべきものだと思います。その残存簿価が店舗に振り向けられていたのです。

次に掲げた表「残存価格算出の件」をご覧ください。これは閉店するに当たって本部が出してきた残存簿価一覧です。本部の都合で店舗改装などが行われるたびに看板の改装費用や什器備品代などが膨らんでいきます。これらは本部がリース契約で行っています。ところが閉店するとなると、残存簿価が加盟店の借金となり、返済を求められます。

契約書類で什器類は「貸与」としているのに、閉店に当たっての残存価格算出では「取得価格」

「残存価格算出の件」

建物付属設備

品名	取得価格	残存簿価	取得年月
スパンドレル	213,000	20,850	87.02
看板	300,760	29,440	87.02
ファサード本体	1,021,680	441,185	93.07
ファサード看板	185,900	80,277	93.07
VI 変更工事	500,000	457,834	96.04
科目計	2,221,340	1,029,586	

構築物

品名	取得価格	残存簿価	取得年月
ポールサイン看板	338,820	33,165	87.02
科目計	338,820	33,165	

器具及び商品

品名	取得価格	残存簿価	取得年月
POS　ISDN ボード	240,000	54,736	93.12
POS　MAT 端末	356,500	111,392	94.08
POS　一式	1,627,400	81,370	89.03
POS　ターミナル	240,000	21,056	91.11
シャービット	255,000	12,750	88.05
集合看板	101,400	5,070	90.02
ホッターズ	234,000	195,000	96.07
科目計	3,054,300	481,374	
合　計	5,614,460	1,544,125	

※ファミリマート経理財務部作成資料より（97 年２月末時点）

第１種ＦＣ店負担区分概要表

昭和６２年　３月　１日

（株）ファミリーマート

基本とする負担区分

（A）　加盟店ご負担分・・・・新築、改装の建物設備、電気工事並びに冷蔵付帯工事（近隣に振動・騒音で迷惑のかからない、空調機・冷凍機用室外機設置場所の確保）

（B）　本部負担・・・・・・・販売用什器、備品と看板

店ご負担		本部負担	
[illegible] 3.0% 改装・内装 3.5%	最低300千円とします。	A，管理	安全管理・・・・設計事務所及び本部は工事の安全遂行に[illegible]各施工業者を指導する。

ファミリマート本部の説明資料でも「基本とする負担区分」で販売用什器、備品と看板が本部負担と明記されている。

にすり変わり、加盟店が買い取るものとして計上されているのです。

また、私が店舗を開くに当たって本部が示した「**第一種ＦＣ店負担区分概要表**」（**上欄参照**）の「基本とする負担区分」には「本部負担……販売用什器、備品と看板」とはっきり書かれています。それでも閉店するとなると、「本部負担」の約束はなくされてしまうのです。

私の場合、看板などの建物付属設備などと併せて残存簿価は一五〇万円以上もあるといわれ驚きました。この残存簿価は、閉店するというまでは、いくらあるのか一切知らされもしないのです。

話し合いの結果、当初示された一五〇万円の残存簿価の負担は、半額に近い八四万円まで削減されて収まりましたが、聞くところによれば、契約期間以前に解約をしようものなら、本部から何百万円ものリース契約の債務が残っている、として請求されるケースがあるといいます。

セブン‐イレブンの加盟契約書に次のような項目があります。

フランチャイズチェーン本部は、その後の加盟店の投資、営業費および委託商品の販売預り金の支払いを引き受け、加盟店に代わって決済する方法によって、加盟店の必要とする資金を継続的に調達

して援助するものとし、加盟店は、本部の与信（実質は融資と異ならない）を受けて、資金調達の負担からまぬがれ、経営に専心する権利を有する、とうたっています。

契約書は、「与信」について（実質は融資と異ならない）と但し書きを挿入していますが、「与信取引」には、仕入れ商品の後払いができるメリットがある反面、高額の金利手数料を負担させられるデメリットがあるとされています。

要するに、コンビニ本部は、加盟店にとってリスクの高い金融業なのです。

廃棄処分を強要

テレビや新聞などメディアから、めったに批判を受けることがない大手コンビニ・チェーンが指摘されるようになったのが、弁当などの値引き制限問題でした。スーパーマーケットなどでは、日常的に見ることができる「タイムサービス」が、コンビニでは「ご法度」とされてきました。そのため、おにぎり、弁当、菓子パン、サンドイッチなどは、賞味期限がくると、大量に廃棄処分してきました。世界に飢えている子どもたちがたくさんいるというのに、「モッタイナイ」に逆行する「ごみ扱い」です。

この「見切り販売」には、もう一つ見逃すことができない問題が隠されています。それは、メーカーが決めた「賞味期限」とは別に、本部がそれをさかのぼった「販売期限」を定めています。そして、「販売期限」がきたらオーナーに廃棄処分させるのです。

公正取引委員会の調べによるとこのようにして捨てられる「販売期限」切れの商品総額は、一店当たり年間五三〇万円にものぼる、といいます。この「指導方式」が、本部の利益に直結することは、第五章で解明したところです。

独禁法に違反

廃棄処分にかかわる問題は二〇〇七年ごろから、雑誌などで取り上げられていましたが、〇九年、ようやく公正取引委員会がセブン‐イレブンを独占禁止法違反（不公正な取引方法）の疑いで調査しました。契約書など文書で値引き販売禁止をうたえば、明らかに独禁法違反となります。ですから、値引き販売したことが本部にばれると、契約解除などをほのめかすなど、陰に陽に圧力をかけてくるのです。

明らかにこれは、公取委が示したフランチャイズ・システムに関するガイドラインにある「見切り販売の制限」に該当します。ガイドラインは、次のようにいっています。

「廃棄ロス原価を含む売上総利益がロイヤルティの算定の基準となる場合において、本部が加盟者に対して、正当な理由がないのに、品質が急速に低下する商品などの見切り販売を制限し、売れ残りとして処分することを余儀なくさせること」を禁じています。

ガイドラインは（注4）で、これをさらに具体的に、次のように指摘しています。

「コンビニエンスストアのフランチャイズ契約においては、売上総利益をロイヤルティの算定の基準としていることが多く、その大半は、廃棄ロス原価を売上原価に算入せず、その結果、廃棄ロス原価が売上総利益に含まれる方式を採用している。この方式の下では、加盟店が商品を廃棄する場合には、加盟者は、廃棄ロス原価を負担するほか、廃棄ロスを含む売上総利益に基づくロイヤルティも負担することとなり、廃棄ロス原価が売上原価に算入され、売上総利益に含まれない方式に比べて、不利益が大きくなりやすい。」

これは、独禁法で禁じられている「優越的地位の濫用」に当たるといっていいと思います。

第八章　強者の横暴に泣くオーナー

二〇〇九年六月二二日に公正取引委員会がセブン‐イレブン・ジャパンに命じた排除命令は、独禁法違反行為の概要について、要旨次のように指摘しています。

「セブン‐イレブン・ジャパンの取引上の地位は加盟者に対して優越しているところ、セブン‐イレブン・ジャパンは、加盟店で廃棄された商品の原価相当額の全額が加盟者の負担となる仕組の下で、推奨商品に係る見切り販売を行おうとし、又は行っている加盟者に対し、見切り販売の取りやめを余儀なくさせ、もって、加盟者が自らの合理的な経営判断に基づいて廃棄に係るデイリー商品の原価相当額の負担を軽減する機会を失わせている」

セブン‐イレブンに排除命令

右記のような認定をした上で、その行為を取りやめること、それを再び行わない旨を取締役会で決議しなければならないこと、再発防止のため、（ア）加盟者との取引に関する独禁法の遵守についての行動指針の改定、（イ）加盟者が行う見切り販売の方法等についての加盟者向け及び従業員向けの資料の作成、（ウ）加盟者との取引に関する独禁法の遵守についての、役員及び従業員に対する定期的な研修並びに法務担当者による定期的な監査――を命令しました。

公取委が調査した結果として、明らかにした違反行為は、要旨以下のとおりです。

セブン‐イレブン・ジャパンは、加盟店基本契約に基づき、推奨商品についての標準的な販売価格を定めてこれを加盟者に提示し、ほとんどすべての加盟者は、推奨価格を商品の販売価格としている。

推奨商品のうちデイリー商品（品質が劣化しやすい食品・飲料で、毎日納品されるもの）について、メーカーが定めるより前に、独自の基準により販売期限を定め、その期限を経過したデイリー商品については、すべて廃棄することとされている。

廃棄された商品の原価相当額については、全額を加盟者が負担することとされ、セブン‐イレブン・ジャパンは加盟者から受け取っているロイヤルティの額について、加盟店の売上額からデイリー商品の原価相当額を差し引いて算定することとし、廃棄された商品の原価相当額の多い少ないに左右されない方式を採用している。

加盟店一店舗あたりの年間廃棄商品額は平均五三〇万円となっている。

本部が、見切り販売をさせないようにするため、加盟店に対してどのようなことがおこなわれていたか、その点は、次のように認定しています。

セブン‐イレブン・ジャパンは、デイリー商品は推奨価格で販売されるべきだとして、ＯＦＣ（経営相談員）に対し周知徹底を図り、「見切り販売」をおこなおうとしていることを知ったときは、それをおこなわないようにさせ、それでもやめないときは、加盟者に対し、契約解除を示唆するなどして、「見切り販売」をやめることを余儀なくさせている。

こうした行為は、セブン‐イレブン・ジャパンが「自己の取引上の地位が加盟者に優越していることを利用して、正常な商習慣に照らして不当に、加盟者に不利益を与えており、公正取引法にいう、不公正な取引方法に該当する」と断定しました。

セブン‐イレブン加盟店オーナー七名が、セブン‐イレブン・ジャパンに対し、二〇〇九年九月二九日、見切り販売制限を受けたことによる損害賠償として約二億三〇〇〇万円の支払いを求める集団訴訟を東京地裁に提起しました。このような損害賠償を求める裁判を起こすことができるようになったのは、上記の認定に基づく排除命令が引き金になっています。

タスポも負担に

日本フランチャイズチェーン協会が二〇〇九年一〇月二九日に発表した統計によると、〇八年度にコンビニエンスストアの店舗数は四万四三九一で、前年度比二・七％増加し、売上高八兆円を超え、六・六％も大幅に伸びています。その原因について協会は、「ｔａｓｐｏ（タスポ）制度導入によるたばこの売上増加が大きな要因」と分析しています。

このタスポも加盟店からみると、手間のかかる割には、収益に結びつきにくいのです。とくに導入時には、写真撮影・手続きに必要な文書の作成と送付、その後も、自動販売機のメンテナンスが必要です。通常のタバコ店では、小売店の利益は一割と決まっています。ところがコンビニ店では、

免許品の取扱に関する覚書

株式会社ファミリーマート（以下甲という。）と新藤正夫（以下乙という。）とは、昭和６２年１月１６日付、甲・乙間で締結された「ファミリーマート・フランチャイズ契約書」（以下原契約という。）について、一部の運用を以下の条項に従って行うことに合意しました。

第　１　条（原契約の適用除外）

乙の取扱商品であるタバコ類については、取引形態の特殊性に鑑み、原契約で定める甲の支払代行・仕入・在庫に関する経営記録並びに商品実地棚卸については原契約の適用を除外するものとします。

第　２　条（手続）

本覚書第１条の定めに従い、甲・乙はタバコ類について以下の事務手続に従うものとします。

１　タバコ類についてはレジスターに専用口座を設定して店頭売上高を記録するものとします。

２　タバコ類の仕入代金は乙が自ら支払うものとします。

３　タバコ類の仕入・在庫の記録は乙が自ら行うものとします。

４　甲が支払代行の責を免がれることにより、タバコ類については、原契約第５３条を適用外とします。

５　タバコ類の営業総利益は店頭売上高の９％を基準として算出し、他の取扱商品の営業総利益と合算して、毎月次の損益計算明細書・貸借対照明細書を作成するものとします。

仕入れから販売・管理すべて加盟店舗が行うのに売上高の９％を「総利益」に算入してファミリーマート本部にフィーを上納させるための「覚書」（1986 年 1 月 16 日）

本部貸与のたばこ自販機は一台もなく、一円の投資もしていない本部が利益の三五％を持っていく仕組みにされています。

「免許品の取扱に関する覚書」（四九ページ掲載）には「5　タバコの営業総利益は店頭売上高の9％を基準として算出」すると明記。一〇％の利益のうち九％までフィーを課す対象として、加盟店の利益をピンハネするのです。加盟店の場合、売り上げが伸びたから、収益もそれに伴って伸びたということにはなりません。

失ったものは大きい

本部が私の店を撤退した後、私はさらに借金をして、別のコンビニエンスストアを営みました。ファミリーマートと異なり、売上送金制ではなく日々の商品を仕入れ、これを販売するという通常の商取引の形態になっています。大手コンビニ・チェーンはなぜこれができないのでしょう。

しかし、それでも立地条件が厳しくなっている環境のなかで、売上げが不振で、収支ぎりぎりの困難な経営となり、最終的にはこれも営業を続けることができませんでした。

私の借金は一九九九年一月時点で三四三九万六七五円まで膨れ上がりました。

家庭は崩壊しました。仕事が大変でうまくいかないということも大きな原因であったと思います。妻は子どもを連れて実家に戻り、その後、家庭裁判所に調停を申し立て、結局、一九九一年四月二六日の調停で離婚が成立しました。私はお金が全くありませんので、財産分与も養育料も何も払うことができません。そして、息子の親権者は妻ということで離婚となったのです。

コンビニエンスストアの乱立やフランチャイジーの窮状が雑誌などで指摘されています。本部はわれわれコンビニオーナーについて、「独立の事業主体」と述べ、「本部のみに過重な負担を強いるものではない」としています。しかし、本部は自分の経済的力が格段に強いのに、それにものを言わせて店を人質に取り、私が経営や生活に困っているにもかかわらず、さらに解約金などの金銭請求をしてきたことに対し、そしてこれにより私の生活のすべてを崩されたことに対し、私は実に腹立たしく悲しい気持ちです。

第九章　コンビニ訴訟から見えてきたもの

近年になって、いくつかの歓迎すべき判決も出ています。

仕入内容の報告義務

二〇〇八年七月、最高裁第二小法廷で言い渡されたセブン - イレブンに対する「領収書開示請求訴訟」判決がその一つです。

本件は、加盟店のオーナーが二〇〇五年三月三一日から六ヵ月間に仕入先三社から仕入れた商品の決済について、月単位で支払内容の詳細をセブン - イレブン本部に報告するよう求めたものでした。

普通、小売店の店主は何をいつ、いくらで、何個仕入れたかを知った上で商売をするはずです。ところが、コンビニエンスストアの場合、本部は問屋でないことを理由に何も教えてくれません。それが可能なのは、加盟店が売上げの全額を日々、本部に上納し、そこから「引出金」として一定の金額をオーナーが受け取るシステムになっているからです。

この不合理な仕組みについて、コンビニ・フランチャイズ問題弁護士連絡会の弁護士は、「個別の決済の内容を加盟店オーナーが知ることができないというのは、『独立の事業者』たることの否定に他ならない。かかる仕組みは、オーナーからみるとブラックボックスであり、たとえ本部による『中抜き』のようなことがおこなわれたとしても、それを検証したりする手段もなかったのである」と述べています。

裁判では、フランチャイズ契約では、本部が加盟店に交付すべき資料のなかに、領収書、請求書などが含まれるのは、商習慣上、当たり前だとして報告義務があるとする主張に対し、最高裁第二小法廷は次のように判断しました。

仕入代金の支払いに関する事務の委託は準委任（民法六五六条：法律に定めていない事務の委託）の性質を持っているとした上で、「商品の仕入は加盟店の根幹をなすものであり、加盟店経営者が独立の事業者として仕入代金の支払いについて、具体的内容を知りたいと考えるのは当然」としました。

また、契約書にこうした内容を開示する特段の定めがなくても、報告義務がないとは認められず、義務を負うと判断したことも注目されます。

解約金の支払い義務

サンクス東埼玉事件は二〇〇七年二月一四日、さいたま地裁で言い渡された判決です。

これは、サンクスの加盟店が、営業不振に陥り、契約から五年後に中途解約したところ、ロイヤルティの三ヵ月に当たる違約金の支払いを求められました。これについて判決は「営業の自由や経済活動の自由（一定の継続的取引関係からの離脱を含む）は、最も重要な基本的人権の一つと考えられる」としました。その上で、「これを制限するのは社会的良識や正常な商習慣に照らし、合理的な範囲にとどめられるべきで、この限度を超えた場合は、公序良俗に反するものとして無効とされることもありうる」と判示しました。

これをサンクス東埼玉事件にあてはめると、解約金に関する条項の趣旨、目的、内容が両当事者に与える利益・不利益と、契約が結ばれるに至った経緯、商習慣に照らして、不当に相手方に不利益となる取引条件を設定していないかどうかを検討することが必要で、総合的に判断すると、解約金の支払い義務を定めた部分は「公序良俗」に違反しているとしました。この判決は確定しています。

ちなみに「公序良俗」とは、民法九〇条で定める「公の秩序又は善良の風俗に反する事項を目的とする法律行為は無効とす」を指しています。

本部の情報提供義務

コンビニを開店する前に、本部は必ず出店予定地の調査をおこない、その地域で商売が成り立つかどうかについて、情報を収集します。素人であるオーナー希望者がそれを信じて開店したところ、営業不振になり借金が増大するケースが少なくありません。サンクス加盟店のオーナー、元オーナーら六人がサンクス本部に計一億六八〇〇円の損害賠償請求訴訟を起こしたのも、実態とかけ離れた収益予測で勧誘し、経営が悪化しても本部から適切なアドバイスが得られなかったからだというのが、原告側の主張です。

こうした場合、「本部は勧誘する際に的確な情報を収集するとともに、その情報を出店希望者に開示し、フランチャイズ契約を締結するかどうかの判断材料として提供する義務がある」という判例が名古屋高裁で出ました。これが「名古屋サークルK事件」（損害賠償請求控訴事件）です。二〇〇二年四月一日の同高裁判決は、「資金力も小さく、フランチャイズ・システムによる営業についての知識が本部に比べて極めて少ない」のであり、とくに秘密にしなければならない理由がない限り、開示すべきだとしました。これは、あれこれ理屈を挙げて情報を出したがらないフランチャイズ本部があるなかで、情報開示の道を開くものとして注目されます。

この名古屋高裁判決が言い渡されたころは、景気の低迷も重なって、売上げが伸びず、加盟店の借金が膨らんでいった時期でもあります。

同年の六月一五日付「朝日新聞」は「コンビニ乱立　不振一途」「店主・本部、対立再燃も」「『売上高2億円』が実際は半分」という見出しで、実態を報道していました。それによると、本部が立てた収支計画では、初年度の売上高が一億七九五〇万円、二年目は二億一五八〇万円になるはずだったが、実際は一億程度にとどまり、ライバル店が増えたことにともない、売上高が八〇〇〇万円を切りました。赤字経営が続いたため、商品の仕入代、生活費などを本部からの借金に頼らざるをえなくなり、借り入れ総額が一億四〇〇〇万円にもなってしまったといいます。

乱立の陰では、不採算の店を撤退させ、新たな出店という悪循環の繰り返し。「三店出して二店潰す」という状態になっています。

解約違約金無効で初の判決

ローソン千葉事件は、それまでなかなか勝てなかった裁判のなかで、解約違約金の支払いは、「公序良俗」に反するという判断がなされた初の判決として注目されました。

この店を開店する前、ローソン本部が行った説明によると、売上げは一年目二一〇〇万円（月額）、二年目二四〇〇万円（同）、三年目二七〇〇万円（同）で、五・三％〜五・六％が店の収入となること、手取りにすると一年目五五万八〇〇〇円（月額）、二年目六二万三〇〇〇円、三年目六九万七〇〇〇円と順調に伸びることが予測されていました。

ところが、実際に店をオープンしてみると、二年半の平均売上月額は一三〇〇万円で、本部が予測した数字の五四％にしかなりませんでした。累積赤字は三一五〇万円になり、解約を決意、経営破たんの原因は本部にあるとして、損害賠償請求訴訟（約二三〇〇万円）を起こしたものです。ローソン側はこれに対抗して、中途解約損害金として約三〇〇〇万円の支払いを求める裁判を起こします。

二〇〇一年七月一五日の千葉地裁判決は、本部は、店を出そうとする人に対し契約前に、収入が減少する危険が高いことを説明する義務があること、それと経営破綻との間に因果関係があるとして、本部側に損害賠償責任があることを認めました。

しかし、原告の側（加盟店）にも一定の過失があったとして、請求額が減らされたという問題も残されました。

事件は双方が控訴したことにより、高裁に移行、その後、和解が成立しています。

リベート情報の提出命令

このほか、ファミリーマート本部が元加盟店オーナーらに対し、ＦＣ契約上の清算金などの支払いを求めた事案では、元加盟店オーナーらは、仕入れ代金の代行決済に関し、ファミマ本部が仕入先より受領したリベートを適正に配分しなかったことなどを根拠に、これにより生じたリベート等返還請求権との相殺を主張して清算金請求権の存在を争っています。

この訴訟手続において、加盟店オーナーらが上記リベートや仕入れ原価に関する情報が記載された書面を裁判所に提出するよう求めた「文書提出命令申し立て事件」では仙台高裁が二〇〇九年三月、山崎製パンから得たリベート収入額が記載された文書の提出を命令する決定が出されています。

第十章　求められるフランチャイズ規制法

コンビニのオーナーでつくる「加盟店ユニオン」ではかねがねＦＣ法の制定を求めており、その中心ポイントは、①新規出店の制限、②契約後のクーリングオフを認める、③加盟店が営業時間や休養日を決定する、などとなっています。

ＦＣ商法を規制する法律（案）としては、「フランチャイズ法研究会」が二〇〇九年一二月にまとめ、発表された「**フランチャイズ規制法要綱**」があります〈九三ページに要項〈抜粋〉掲載〉。同研究会は故・北野弘久日大名誉教授を委員長に学者・弁護士ら五氏が実証的な調査の上にまとめ上げたもので、加盟店ユニオンが求める内容と合致しています。

例えば、以下のような内容です。

「商圏確保義務」として、ＦＣ事業者に対し、既存の加盟店の商圏を不当に侵害しないよう、新規出店にあたっては、十分に配慮しなければならないこと、新規出店を行う場合は、事前に既存の加盟者と誠実に協議し、不当な商圏の侵害が生じた場合には、適切に保障すること、さらには、出店する地域の同種の中小業者の経営状況にも配慮すること、などをうたっています。

クーリングオフについては、ＦＣ事業者が加盟希望者との間で、正式な契約をする前に一カ月の「試用期間」を設け、さらに契約後、事業開始から九〇日以内であれば契約を解除できるようにすること。

営業時間・休業については、加盟者が深夜及び早朝（午後一一時～午前六時）の間で、営業しない時間を決めることができるようにすること。

ちなみに、現在は、二四時間ぶっ通しの営業がFC本部によって義務付けられていますが、初期のコンビには午前七時から一一時でした。トーテム・ストアとして始まってから、一九七四年に、毎日午前七時―午後一一時営業としたのをきっかけに「セブン‐イレブン」となったのが名前の由来とされています。

仕入れ価格はお仕着せ

本部だけが得をする理由にはこのほか、次のようなことも挙げられています。

①最初の契約時に研修・店舗建設や内装、初期購入商品の購入義務があり、高い金額が設定される。

②商品販売で本部はメーカーや物流業者に安い仕入れ価格で購入していながら、加盟店には高い「言い値」で仕入れさせる。

③店舗を辞める際に高額な違約金を払わせる。

①に関連してコンビニの店頭価格は一般のスーパーに比べて割高です。セブン‐イレブン加盟店の仕入れ価格とスーパーの店頭価格を調査したところ、スーパーの店頭価格より加盟店の仕入れ価

格の方が高かったというデータもあります。（『セブン‐イレブン鈴木敏文帝国崩壊の深層』・渡辺仁著・「金曜日」刊）

見切り販売妨害に賠償命令

過去においてフランチャイズ事業者と加盟店との間でどのような争いがあったのか、改めてピックアップしてみました。

加盟店オーナーらがセブン‐イレブン本部に独禁法二五条に基づく損害賠償を求めていた事件は五件ありました。加盟店のオーナー四人が原告で「見切り販売を妨害された」と損害賠償を訴えた事件です。このケースは、フランチャイズ事業者から推奨された価格による販売を強制されたと訴えましたが、フランチャイズ事業者側は、「契約更新ができなくなる」などと事実上、推奨価格を強制しました。

判決では、「見切り販売を嫌った被告（フランチャイズ事業者）は説明・指導の域を超えて、推奨価格を強制したとして、原告（加盟店）に一〇〇万円～六〇〇万円の損害賠償を支払うよう命じました。

この判決では、「被告（フランチャイズ事業者）による販売システムの説明自体が加盟店に対し、デイリー商品の見切り販売を忌み嫌っているという認識を強く抱かせ、そうした状況下では見切り販売をしてはいけないという心理的強制を与える」と結論付けています。要するに「本部がダメなものは、ダメ」という実態がまかり通っているわけです。

こうした判決が出ても本部がもうけを一方的に吸い上げるコンビニ商法の核心部分は何ら変わっていないのが現状でしょう。本部はリスクは全て加盟店に背負わせて、自らは何の痛みを負うことなく、もうけを吸い上げているのです。

「共存共栄」のうたい文句とは反対に「強存強栄」の契約となっていることは、第五章でファミリマートの損益計算書から実証的に解明しました。これを根本から改めない限り、コンビニ商法の餌食となるオーナーは後を絶たないのではないかと思います。

あとがき

私は「一国一城の主」を夢見てコンビニオーナーになりました。しかし、フランチャイズ本部にすべての自由を剥奪されて、奴隷のごとく働いた一〇年のあと、残されたのは莫大な借金と家庭崩壊でした。

こうした悲劇をなくしていくためには、法による規制がきちんと行われる事が必要だと痛感しています。

日本弁護士連合会（日弁連）は二〇一七年四月、フランチャイズ法制定に向けて、オーストラリアのフランチャイズ規制法を調査した上でシンポジウムを開きました。これまでさまざまな問題がありながら、法律家にもなかなか理解してもらえなかったコンビニ店のオーナー、元オーナーはこの間、文字通り歯がゆい思いをしてきました。

圧倒的に力の差があるFC本部に対して加盟店が対等の立場から、経営を守っていくためには、独占禁止法だけでなく、きちんとした法律の制定が不可欠です。それを実現させなければ、コンビニ経営をめぐる悲劇は決してなくならないでしょう。

その際、ぜひ考慮に入れて欲しいことは、什器・備品などのリース問題です。リースとは、リースする会社がFC本部との間で契約するのが基本です。リース期限前に解約した場合、借り手は違約金、残りのリース期間のリース料プラスアルファを支払うのが通常とされています。本来なら、直接の借り手であるＦＣ本部がその負担をすべきところ、加盟店に責任を転嫁し、押し付けているのです。

本部もさることながら、機械・設備をリースする会社にもそれを合理化している「罪」があるのではないでしょうか。リースに関する法律は、税務会計上の処理を除いて、法律はないとされています。この点も、正すべきだと思います。

人生の大きな部分をコンビニ本部に吸い取られた元オーナーとしての私の体験が少しでもお役にたてばこの上ない喜びです。

二〇一九年四月

新藤　正夫

あとがき

【参考資料及び文献の出所】

※コンビニ・フランチャイズ問題弁護士連絡会ホームページ

※雑誌『経済』（新日本出版社）二〇一〇年三月号「特集・コンビニの社会経済学」、〔座談会〕植田忠義／中野和子／山本晃正「コンビニ経営の『闇』に迫る」、吉井英勝さんに聞く「FC規制法で健全なコンビニ業界へ」、「コンビニ会計の詐術　ロイヤリティ極大化のカラクリ」（関本秀治）、「セブン‐イレブンの経営指標から見えるもの」（長谷川美千留）、「データでみるコンビニ業界」（薄木正春）、「米国のフランチャイズ法制と日本の課題」（長谷河亜希子）

※『コンビニ欺瞞商法』（安藤一平著・本の泉社）

※『セブン‐イレブンの正体』（株式会社金曜日）

※『セブン‐イレブンの罠』（株式会社金曜日）

※コンビニ・FC岐阜県協議会・サンクス被害者の会岐阜支部が（株）サンクスアンドアソシエイツに提出した要望書

1）ロイヤリティーの低減の実施（欧米並みの水準）

2）加盟店に関するすべての会計資料の公開の実施

3）送金義務事項の撤廃

4）契約終了時には、加盟店のすべての負債は本部負担とすること

5）地代、テナント料の負担の低減の実施

6）加盟店から金銭消費貸借契約を取らないことの確約

7）加盟店資産には質権、抵当権などの設定は行わないことの確約

8）受益者である本部は加盟店の営業に係る経費を応分に負担すること

9）加盟店、業者、地権者との係争の実態を公開すること

10）契約前の徹底した情報公開とクーリングオフ期間の設定の実施

11）売上総利益分配方式から利益分配方式への改善

12）年中無休と二四時間営業制度の弾力的運用と加盟店の自由裁量制の実施

13）現在係争中の件に関して、契約書及びその運用面において瑕疵があることを認め、契約の無効を認めること

14）今後の生活保障についての特段の対策をとること

15）業界の健全な発展と加盟店の反映を目指して活動している団体、コンビニ・FC加盟店岐阜県協議会やサンクス被害者の会などの要請や懇談を誠意をもって受けること

〈資料集〉
東京地方裁判所平成一〇年（ワ）一六七八号　精算金請求事件　判決文

判決

原告　株式会社ファミリーマート

右代表取締役　後藤茂

被告　新藤正夫

主文

一　被告は、原告に対し、金三七二万二九九五円及びこれに対する平成一〇年二月一三日から支払済みまで年六分の割合による金員を支払え。

二　訴訟費用は被告の負担とする。

三　この判決は仮に執行することができる。

事実及び理由

第一　本件請求

主文と同旨

第二　事案の概要

一　本件の概要

本件は、コンビニエンスストアチェーンのフランチャイザーでもある原告がフランチャイズ加盟店契約を締結していたところ、平成九年九月一〇日に、被告の申出により右契約が合意解除されたことに伴い、原告が、被告に対し、約定に基づき、解約金、貸与物件の残存簿価、閉店事務経費、什器設備取り外し運搬料等、精算金として三七二万二九九五円及びこれに対する平成一〇年二月一二日（弁済期の翌日）から支払済みまで商事法定利率年六分の割合による遅延損害金の支払いを求めた事案である。

二　当事者間に争いがない事実及び確実な証拠により明らかに認められる事実

1　原告は、「ファミリーマート」の名称で広くコンビニエンスストアのフランチャイズ組織の本部である（争いがない）。

2　被告は、原告との間で、昭和六二年一月一六日、埼玉県川口市柳崎一丁目二〇番四一号所在のファミリーマート川口柳崎店（本件店舗という）の経営に関し、最初のフランチャイズ契約を締結した。本件店舗は昭和六二年二月一五日に開店した（争いがない）。

3　原告と被告は、右フランチャイズ契約を、平成六年二月一四日、当初の契約期間の満了により更新した（更新後のフランチャイズ契約を本件契約という。甲一）。

本件契約の内容は、概ね次のとおりである。

(一) フランチャイズの約定(三条一項)

原告は、この契約の定めに従って、被告がファミリーマートシステムによるファミリーマート店の経営を行うことを承諾するとともに、被告に対しフランチャイザーとして、原告の指導事項を遵守・実行し、ファミリマート店の経営に当たることを約した。

(二) 本部フィー(二八条一項)

被告はこの契約に基づく原告への対価として、開店初月から契約終了にいたるまで、当該月の営業利益の三五%相当額(本部フィーという)を当該月の末日に原告に支払う。

(三) 契約期間(五三条一項)

開店日の属する月から同月を含め一二〇か月目にあたる月の末日

(四) 中途解約(五五条)

原告又は被告は、この契約の締結日以降は、契約期間満了前であっても、都合により、解約日の三か月前までに文書で相手方に対し予告し、かつ下記解約金等の支払いその他この契約で別に定める条項を履行することによってこの契約を解約することができる。なお、貸与物件の取り外し費用や運搬費用等は、六一条に基づき原告又は被告が負担する。

(1) 原告が解約する場合は、解約日直近の一二か月間(一二か月未満のときは経過月)のファミリーマート店経営の実績に基づく平均月間営業総利益の六五%相当額の六か月分。

(2) 被告が解約する場合は、下記の①及び②の合計額。

①　解約金として、前号に定める平均月間営業総利益の三五％相当額の六か月分。但し、開店日から解約日までの期間が五年六か月以上で、かつ契約期間中に二九条の最低保証の適用を受けていないときは、上記に定める平均月間営業総利益の三五％相当額の三か月分に減額。

②　除却する貸与物件につき原告が算出した法定残存簿価。

また、被告は、平成六年二月一四日、原告との間で、契約更新に関する覚書（本件覚書という）に合意し、双方が署名捺印した（甲五）。本件契約と一体となる原告と被告との間の取決めとして、第一種フランチャイズ店負担区分概要表（甲一〇）及び貸与什器等に関する一覧表（甲一一）とがある。

4　被告は、原告に対し、平成九年六月二七日付内容証明郵便をもって、原告の債務不履行を理由に、同年八月三一日、本件契約を解除する旨の意思表示を行い、右書面は同年六月三〇日に到達した（乙一の一及び二）。

5　原告は、平成九年七月九日、同月一七日、同年八月七日の三回、被告の代理人の三角弁護士と本件契約の解約条件について交渉をした。

交渉の過程で、原告は被告に対し、当初、設備の撤去費用八五万円、貸与物件の残存簿価一五〇万円、中途解約金四二一万円、閉店手数料八万円の合計六六四万円を精算金として提示した。

しかし、被告との交渉が難航したことから、原告は、同年八月七日、被告に対する請求額を総額で三七二万二九九五円に減額することとした（争いがない）。

6　被告は、平成九年八月八日、原告社員池田正洋に電話をし、原告が提示した本件契約の条件を承諾した（争いがない）。

7　原告及び被告は、平成九年九月五日、「フランチャイズ契約の解約に関する契約書」（本件解約契約という）に署名捺印した（甲二）。本件解約契約書には、次の記載がある。

(一) 原告と被告は、フランチャイズ契約を平成九年九月一〇日をもって解約することを互いに約した（一条）。

(二) 被告は、原告から貸与を受けている設備・什器を解約日に棚卸をし、過不足がないことを確認し、これら全部を原告に返還する。なお被告は、右設備・什器について、その取り外し・運搬費用及び原告が算出した解約日現在の残存簿価（八〇万円）を原告に対し負担する（三条一項）。

(三) 被告は、解約精算のために必要な事務経費（閉店手数料）として八万円を負担する（四条）。

(四) 被告は、本件契約五五条二項の定めにかかわらず、解約金として一九〇万円を原告に支払う（五条）。

(五) 原告及び被告は、本件解約契約に記載する原告及び被告双方の債権・債務を現金決済勘定に計上し、フランチャイズ契約（本件契約）六四条の定めにかかわらず平成九年一一月末日までに原告が作成する「最終財務報告書」に基づいて、原告が被告に精算を申し出た日に現金決済勘定に計上された債権・債務一切を最終精算する（七条）。

8　平成九年一一月一九日、原告は、被告に対し、被告が原告に支払うべき精算金が三七二万二九九五円であることを明示した「最終財務報告書」を提示した（甲三）。

9　平成一〇年一月二八日、原告から被告に対し、被告の精算金支払義務が三七二万二九九五円であること及び書面到達後二週間以内（同年二月一一日まで）に右金員の支払を求める旨の内容の内容証明郵便が到達した（争いがない）。

三　争点

1　原告の履行遅滞を理由として被告がなした債務不履行に基づく本件契約の解除は有効か否か。

（一）被告の主張

原告は、業務の合理化・簡素化のためのポスシステム機器等の店舗運営システム機器類の提供をすることになっている（本件契約一六条六項）。被告は、本件店舗には、当初ポスレジスターが一台しかなく営業上不便であったことから、原告に対し、早くからポスレジスターの増設及びカウンターの改装を要請してきた。しかし、原告は結局カウンターの改装をせず、平成八年七月一七日に至ってやっとポスレジスターを一台増設したのみで、被告は三年以上も要請を聞き入れてもらえなかった。被告は本件店舗を勝手に改善することはできない（本件契約一二条）から、原告は被告の要請を受けて早急にポスレジスターの増設及びカウンターの改装をすべきであったところ、三年以上も被告の右要請を放置したのであるから、原告は履行遅滞に陥っていた。被告は、原告に対し、平成九年六月二七日付内容証明郵便をもって、同年八月三一日、本件契約を解除するとの意思表示をなし、右書面は同年六月三〇日原告に到達したから、原告は、本件契約に基づき解約金の請求をすることはできない。

（二）原告の主張

原告は、本件契約を締結するに際し、被告に対して、本件店舗の設備の全面改装を申し入れた。改装に当たっては、店舗設備の被告所有部分の改装費用は被告の負担となるため（本件契約一〇条一項三号、四五条二項）、右全面改装では被告が三〇〇万円を負担する計算になったが、被告が原告に対し、右改装費用をすべて負担することを求めたため、実現しなかった。その後、原告は、カウンターのみの改装を提案したが、カウンター内部の給排水設備は被告の所有部分に属するので、その改装費用は被告負担となることから、被告はこれにも同意しなかった。ポスレジスターの増設については、原告としてもポスレジスターを一台増設することを提案していたが、被告はカウンターの改修後でなければ二台目は設置しないとして、原告の提案を拒否し続けた。

よって、原告には債務不履行はなく、原告の履行遅滞を理由とする解除は無効である。

2　本件契約及びこれと一体となる本件覚書は公序良俗に反するか否か。

(一)　被告の主張

(1)　被告は、本件契約の締結までに七年間本件店舗の営業をしてきたが、開店の際の借入金が多く残っており、設備・備品等がすべて原告のものとされるため、被告の一存では方向転換もできず、やむを得ず本件契約に署名した。しかし、本件契約は次に述べるとおり、原告が自己の優越的地位を利用して、正常な商習慣に照らして不当に被告に不利益となるように取引条件を設定し又は変更したものであって、不当な取引制限(私的独占の禁止及び公正取引の確保に関する法律(独占禁止法という)一九条、二条九項及び五号、一般指定(昭和五七年六月一八日公取委告一五号、一四の三号)に該当する。よって、本件契約は公序良俗に反し無効である。

(2)　貸与物件の取替等や仕様・設備の変更等は、原告の文書による承認がなければできないとされている(本件契約四四条、四五条)。右規定は、店舗の経営者が事情に応じて臨機応変に設備及び備品の更新をすることを制限するものであり、独立の事業者(本件契約四条)である被告との契約においてかかる条件を課すのは、不当な拘束条件取引に該当する。

(3)本件契約を被告が中途解約する場合、被告は多額の解約金を支払わなければならない(本件契約五五条、本件覚書五条)。確かに、新規にフランチャイズ契約を締結する場合、短期間で解約された場合の投下資本の回収を図るため、原告が加盟店に対し、契約の残存期間に応じた解約金の支払を求めることの合理性は認められる。しかし、当初の契約期間が満了し契約が更新された場合、原告は既に投下資本を回収し、かつ多額の利益をあげているのであるから、本条項に基づく解約金の設定は合理性がない。よって、右規定は加盟店の中途解約を不当に制約するものであり、公序良俗に反する。

(4)本件契約を終了する場合、被告は、貸与物件の原状回復費用を負担し、かつ除却する貸与物件につき、原告の算出した法定残存簿価を支払うことになっている(本件契約六一条)。

しかし、貸与物件は、原告が被告の営業売上げから本部フィーなる名目のもとに高額の配分を受けるための手段となるものであり、単に被告が専ら自己の用に供するために一定の使用料を支払って貸与を受ける賃貸物件やリース物件とは性質が異なること、また、本部フィーは従業員給料等の営業費を控除する以前の営業総利益の三五%とされ、営業費は被告負担となっていること、店舗自体の原状回復費用は被告負担とされていることからすれば、貸与物件にかかる原状回復費用は原告が負担すべきである。

除却する貸与物件については、本来残存価値はないし、仮に残存価値はあるが運用不可能なものであるとしても、貸与物件と同様の理由により、原告が費用を負担すべきである。また、法定残存簿価は客観的に定まるはずであるのに、原告の算出した金額を払わなければならないのは不当である。

(5)本件契約六三条は、閉店手数料を徴収する旨規定するが、原告は、いわば共同経営者としては、閉店を余儀なくされた場合の閉店事務に関して加盟店と同等の負担をするのが当然であるし、棚卸や什器類の引き上げ等はもともと原告の業務だから、手数料を要求するのは不当である。

(二)原告の主張

(1)加盟者が、本部の定める統一的なイメージの下で統一的な営業活動を行うことは、フランチャイズシステムの根幹をなすものである。また、フランチャイズ契約の下で、加盟者が本部において確立したものである。また、フランチャイズ契約の下で、加盟者が本部において確立した営業方針・体制のもとで統一的な活動をすることは、一般的には企業規模の小さな加盟者の事業能力を強化・向上させ、ひいては市場における競争を活発にする効果を有する。

よって、本件契約四三条及び四四条は、不当な拘束条件取引にあたらない。

(2)解約金の規定は、加盟店の都合による解約から生じる有形無形の損害を填補するとともに安易な解約をさせないというペナルティーの機能を持つものであるが、原告は更新時を基準に今後の活動を行い、原告は加盟店との契約が期間満了時まで継続されることを期待し、これを前提にフランチャイズシステム全体を運営するものであるから、契約更新後の中途解約に解約金を課すことは、公序良俗に反しない。また、原告の都合で解約する場合には被告よりも遥かに高額の解約金を原告が負担すると規定されており、このことからも解約金の規定は決して不公平ではない。

(3)貸与物件の原状回復費用及び除却する貸与物件の法定残余簿価の支払も、原告の都合による中途解約、加盟店の契約解除(五七条)及びこの契約の期間満了による終了による場合は原告が負担することになっている(六一条二項第二文、六一条三項ただし書)。つまり、解約金の規定は、中途解約の結果双方にとって使用価値のない物件が生じた場合、その負担は中途解約を申し出た者の負担に帰することを定めたのみであり、公序良俗に反しない。

（4）店舗の閉店に伴い、原告は、仮棚卸、取引停止の手配、什器撤去の手配、閉店日の作業、閉店後の作業等、複雑で多くの作業を余儀なくされるのであるから、八万円の閉店手数料を被告が負担することは公序良俗に反しない。

（5）以上のとおり、本件契約は公序良俗に反しない。

3　本件解約契約が公序良俗に反するか否か。

（一）被告の主張

（1）本件契約及び本件覚書自体が公序良俗違反であるから、これに基づき締結された本件解約契約も、当然に公序良俗違反により無効である。

本件解約契約は、本件店舗の営業地域における同種店舗の増加、本件店舗の陳腐化により、被告が経営を継続することが困難になった状況の下、原告が被告に比べ圧倒的な経済力を有し、原告の同意がなければ被告は本件店舗を利用できないという立場にあることを利用し、本件契約及び本件覚書の原告に有利な条項を根拠として被告に押し付けたものである。

（2）仮に本件契約の条項自体が直ちに無効とはいえないとしても、右の状況下で本件契約を盾に本件解約契約を締結をさせたことは、原告は、取引上の優越的に地位を利用して取引の条件又は実施につき相手方に不利益を与えたものであるから（一般指定一四の一四号）、本件解約契約は、本件契約及び締結に至る過程と相まって、公序良俗に反し無効である。

(二)原告の主張

(1)前記2(二)のとおり、本件は公序良俗に反しないから、本件解約契約も公序良俗に違反しない。原告が、その立場を利用して本件解約契約を被告に押し付けた事実はない。

(2)本件解約契約の締結にあたり、原告が取引上の優越的な地位を利用して取引の条件又は実施につき相手方に不利益を与えた事実はない。よって、本件解約契約は公序良俗に反しない。

4　原告の本件請求が信義的に違反するか否か。

(一)被告の主張

(1)そもそも被告が原告との間で本件契約を締結したのは、原告が作成した事業計画書によれば、被告は、五〇〇〇万円近い投資をしても採算がとれ、本件店舗の経営により、被告が取得できる利益も徐々に増加していくものと想定されていたからである。しかるに、その後本件店舗の近隣に次々と同種店舗が開店し、あるいは既存店の営業時間の延長がなされ、右事業計画書の想定する収益をあげることができなくなった。これは原告が事業計画を作成・提案するにつき見通しを誤ったためである。

(2)また、原告は、被告に対し、「フランチャイザーとして経営・技術指導等の援助をなす」(本件契約三条)立場にあるにもかかわらず、何らの指導・援助もしなかったばかりか、被告からの本件店舗の設備改善の要請にも、平成八年に至ってやっとポスレジスターを一台増設したほかは応じなかった。

(3)よって、原告が、本件解約契約に基づき、被告に対し本訴請求をなすことは、信義則に違反し、許されない。

(二) 原告の主張

原告は、本件店舗の開店にあたり、十分な調査をし、被告に対し事業計画の説明を行っている。被告の本件店舗の経営は順調であり、被告は十分な収入を得ていた。

被告は同種店舗の開店を経営悪化の原因として挙げているが、被告は原告との契約解除後に他の系列のコンビニエンスストアを経営し、現在も順調に経営を続けているから、同種店舗の開店により本件店舗の経営が悪化したとの被告の主張は事実に反する。

よって、被告の請求は信義則に反する。

5 原告は、被告に対し、本件解約契約を締結するように強迫したか否か。

(一) 被告の主張

原告は、本件契約の解約条件に関する被告の代理人三角弁護士との交渉において、当初、被告に対し、設備の撤去費用八五万円、貸与物件の残存簿価一五〇万円、中途解約金四二一万円、閉店手数料八万円の合計六六四万円を請求した。その後、原告は、被告に対し、最終的に三七二万二九九五円を提示し、右金員を支払わない限り、本件店舗を使用することはできないと迫った。右金員は、被告にとっては大きな負担であったことから、本件解約契約を締結しなければ次の仕事をすることができず、生活が破綻してしまうと思いこみ、平成九年九月五日、原告との間で、本件解約契約を締結した。被告の右意思表示は、原告の強迫によりなされたものであるから、被告は、平成一〇年九月一一日の第一回口頭弁論期日においてこれを取り消す旨の意思表示をした。

(二) 原告の主張

本件解約契約の締結の際、原告が被告を強迫した事実は一切ない。被告は、本件店舗の経営は破綻しており、被告は毎日の生活にも困窮する状態に陥っていた旨主張するが、被告が十分な収入を得ていたことは明らかである。

第三　当裁判所の判断

一　**原告の被告に対する精算金の請求について**

前記第二の二の7ないし9で指摘したとおり、被告は、平成九年九月五日、原告との間で本件解約契約を締結したこと、右契約に基づき、原告は被告に対し、同年一一月一九日、被告が原告に支払うべき精算金が三七二万二九九五円であることを明示した「最終財務報告書」を提示したこと、そして、原告は、平成一〇年一月二八日、被告に対し、同年二月一一日までに三七二万二九九五円を支払うよう内容証明郵便をもって請求したことが認められ、平成一〇年二月一一日が経過したことは当裁判所での審理及び証拠に顕著である。

したがって、被告が、原告に対し、本件解約契約に基づき、精算金三七二万二九九五円及びこれに対する弁済期の翌日である平成一〇年二月一二日から支払済みまで商事法定利率年六分の割合による遅延損害金の支払義務が生じたことは明らかである。

二　**そこで、次に被告が主張する抗弁の成否について検討する。**

前記第二の二に指摘した事実に加え、証拠（後掲）によれば次の事実が認められる。右認定に反する証拠は採用しない。

1　被告は、昭和六一年ころ、父の所有する土地において、コンビニエンスストアを経営することを考え、原告開発本部と相談の上、同年二月八日、原告との間で、被告がファミリーマートの加盟資格を取得することを目的として、原告が被告のために店舗物件の立地調査及び事業計画書を作成・提供する合意をし、覚書に署名・捺印した（乙八、乙二〇、被告本人）。

2　原告は、昭和六一年二月二四日、被告に対し、本件店舗の出店に関する立地調査報告書を提出し、説明をした。右報告書では、スタッフによる候補店周辺の観察調査、競合店及び周辺商店街のインタビュー調査、官公庁の既存資料、歩行者・自転車・自動車の通行量の調査、電話による周辺住民の買物行動調査の方法により、本件店舗予定地の立地、通行量、他店舗との競合状況、環境、商圏が調査された。競合店舗については、コンビニエンスストアは本件店舗から四〇〇メートル圏内にはなく、最も近いところで東約四九〇メートルにセブンイレブン柳崎店があるという状況であった（乙一三）。

3　原告は、昭和六一年一一月三日、本件店舗の事業計画書を作成し、被告に提出した。右事業計画書によると、被告は、契約関係費二〇〇万円、商品関係費一五〇万円、店舗建築工事関係費四五〇〇万円等合計四九三〇万円の資金が必要となった。本件店舗となる父名義の建物は、一階が本件店舗、二階は賃貸アパートであった（なお、店舗部分の建築費用に限れば、その建築費用は約二〇〇〇万円である）。被告は、自己資金が四三〇万円しかなかったことから、残額四五〇〇万円は父が借り入れることとし、期間一五年、金利年六・四パーセント、月々の返済額が四〇万円との条件で父から借り入れた。その上で、父名義で本件店舗及び賃貸アパートを建築し、被告は、本件店舗の賃料として、父に対し、毎月四八万円を支払うことになっていた（乙一四、乙二〇、被告本人）。

また、右事業計画書の年度別損益計画によれば、初年度の日商は三〇万円、七年度は四八万円程度で、年間の営業利益は、初年度五六六万円程度、七年度で一四六五万円程度であった（乙一四）。

4　被告は、前項の事業計画どおりの営業利益が出れば、月々の支払や返済を考慮しても十分生活できると考え、昭和六二年一月一六日、原告との間で、最初のフランチャイズ契約を締結した（乙二〇、被告本人）。

5　本件店舗の営業利益は、初年度（昭和六二年）から七年度（平成五年）まで順調に伸びた。すなわち、初年度の損益計画は五六六万八〇〇〇円のところ、実績は六九三万二〇〇〇円、二年度のそれは九〇二万六〇〇〇円のところ、実績は九〇八万七〇〇〇円、三年度のそれは一〇八五万二〇〇〇円のところ、実績は一〇七七万七〇〇〇円、四年度のそれは一一七七万三〇〇〇円のところ、実績は一二七四万三〇〇〇円、五年度のそれは一二六八万二〇〇〇円のところ、実績は一三二六万二〇〇〇円、六年度のそれは一三四六万五〇〇〇円のところ、実績は一三二〇万一〇〇〇円、七年度のそれは一四六五万七〇〇〇円のところ、実績は一四五一万円であった（甲十三）。

しかしながら、二四時間営業の店舗の経営は被告の予想以上に大変で、被告は人件費削減のために自ら長時間働いており、経営は楽ではなかった。また、本件店舗は開店から七年間が経過し、競合店舗と比べて設備の旧式化、不便さが目立つようになっていた。

本件店舗には、開店当初からレジスターが二台あったものの、その後原告が一台を引き上げ、被告は長期間一台のレジスターで営業していた。また本件店舗のカウンターはL字型ではなく一直線になっており、営業上不便であったことから、被告は、以前から原告に対し、カウンターの改善及びレジスターの増設を要請していた（乙二〇、被告本人）。

6　その後、本件店舗の近辺で、被告の店舗と同じ物品を扱う競合店舗が増加し（乙一七）、近隣の状況が変化し、次第に本件店舗の経営に影響が見られるようになってきた。

しかしながら、被告は、開店の際の父名義の借入金が多く残っており、本件店舗の経営をやめるわけにもいかなくなったので、平成六年二月一四日、原告との間で、前記4のフランチャイズ契約を更新し、本件契約を締結した（甲一、乙二〇、被告本人）。

また、被告は、原告との間で、右同日、契約更新に関する覚書（甲五）を締結した。

7 本件契約締結後、平成六年から平成七年にかけて、本件店舗の競合店舗が一層増加したことが影響し、本件店舗の営業利益は落ち込み始めた。開店から八年度は一〇六九万五〇〇〇円と減少傾向をたどり、本件店舗の経営は以前に比べ苦しくなった（甲一三、乙一七、乙二〇、被告本人）。

8 原告は、平成八年七月一七日、本件店舗にポスレジスターを一台増設したものの、平成九年になってもカウンターの変更はなされず（この原因については第三の三で後述する）、本件店舗の売上げは悪化する一方となり、平成八年の営業利益は一〇三六万六〇〇〇円となった（甲一三、被告本人）。そのため、被告は、本件店舗を閉店することを決意し、平成九年六月三〇日、原告に対し、内容証明郵便をもって、ポスレジスターの増設及びカウンターの改善についての原告の履行遅滞を理由に、平成九年八月三一日をもって本件契約を解除するとの意思表示をした（乙一の一及び二）。

9 原告は、被告から中途解約の申出がなされたとして、本件契約の精算手続を始めることとした。被告は、本件契約の精算条件の話合いを三角弁護士に委任した。原告は、平成九年七月九日から、同月一七日、同年八月七日の三回、被告代理人三角弁護士との間で、本件契約の精算条件について交渉した。この過程で、原告は、当初、被告の中途解約を理由に、設備撤去費用八五万円、貸与物件の残存簿価負担一五〇万円、中途解約金四二一万円、閉店手数料八万円等合計六六四万円を請求した。被告がこれらに同意しなかったことから、原告は、請求額を合計三七二万円に減額した。しかし、原告と被告との間で最終的な合意に至らなかったことから、同年八月七日に右交渉は不成立となった。被告は、三角弁護士からその旨の報告を受けたが、既に本件店舗の建物を利用して次の仕事をすることを考えていたことから、話合いが不成立になったことで、次の仕事ができず生活が破綻するのではないかとの不安を抱いた。そのため、被告は、平成九年八月八日、自分自身で直接被告に電話をし、原告が最終的に提示した解約条件を受け入れると述べた(乙二〇、被告本人)。

被告は、平成九年九月五日、本件解約に署名捺印した(甲二)。

10　原告は、平成九年一一月一九日付けの「最終財務報告書」において、被告に対し、清算金として三七二万二九九五円の支払を請求した。右金額の内訳は、貸与物件の残存簿価負担八四万円、閉店事務経費八万四〇〇〇円、解約金一九〇万円、什器設備取り外し運搬料七九万六五〇〇円等の合計四二六万六九九三円と、原告が被告に対して負担していた加盟店収入五四万三九九八円とを相殺した残額である(甲三)。

原告は、被告に対して、平成一〇年一月二七日付内容証明郵便をもって、右金員を右書面到達後二週間以内(平成一〇年二月一一日まで)に支払うよう求め、右書面は同年一月二八日被告に到達した(甲四の一及び二)。

11　なお、被告は、現在、本件店舗の建物を利用して、他の二八万円定額本部料系列の店舗を経営している(甲一九、乙二〇、被告本人)。

三　**争点1について(債務不履行を理由とする契約解除の効力の有無)**

1　前記第三の二で認定した事実及び甲第一号証に照らすと、本件フランチャイズ加盟店契約は、フランチャイザーである原告が、フランチャイズ加盟店契約を締結したフランチャイジーに対し、一定の地域内で、自己の統一的な商標、サービスマーク、トレードネームその他の営業の象徴となる標識及び経営のノウハウを用いて事業を行う権利を付与するとともに、販売方法、店舗経営に関わる情報の提供等の継続的な経営及び技術指導等の援助を行い、これに対する対価として、フランチャイジーはフランチヤイザーに対し、本部フィーの支払をなすことを内容とするものであることが認められる。

本件契約の解約金の規定は、フランチャイジーの都合による解約から生じるフランチャイザーの損害を補填し、フランチャイザーが投下資本を回収することを可能とするとともに、安易な解約を防止するという目的に出たものであると考えられる。したがって、フランチャイザーの債務不履行により、フランチャイジーが本件契約を中途解約することを余儀なくされた場合にまで、フランチャイザーが本件契約五五条に基づき解約金の請求をすることは許されないと解すべきである。

2

そこで、本件について、原告に被告が主張するような債務不履行があったか否かについて検討するに、前記第二の二の事実、第三の二で認定した事実に加え、証拠（後掲）及び弁論の全趣旨によれば、次の事実が認められる。

本件店舗には、開店当時はレジスターが二台あったものの、その後原告が一台を引き上げたため、被告は長期間一台のレジスターで営業をしていた。そのため、一人の客が大量に商品を購入した場合や一度に数人の会計をする場合、ポスレジスターを五分間位中断しなければならないし、ポスレジスターの保守作業や補修の際にポスレジスターを利用できなくなるので、被告はポスレジスターがもう一台必要であると考えていた。さらに、本件店舗には入口を入って右側に一直線のカウンターがあったが、このカウンターでは会計を待っている客が入口付近に立つことになり、他の客の邪魔になったり、宅急便の取扱いや商品の荷受け等が不便になったりしていた。そのため、被告は原告に対し、早い時期から、カウンターをL字型に変えた上でポスレジスターを一台増設することを要求していた(乙一六、乙二〇、被告本人)。

ところで、本件契約によれば、店舗設備に関する投資は原則として被告が行い、原告が貸与する営業用物件の保守、管理、修復・取替えは、被告がその責任と費用で行うことが規定されていた(本件契約一〇条一項三号、四五条二項)。

原告は、被告の右要請を受け、新たな競合店の発生等といった事態を踏まえ、被告に対し、本件契約の締結に際し、開店後七年を経過した本件店舗を全面改装することを提案した。原告の見積もりによると、改装費用は約三〇〇万円必要であり、本件契約によると右費用は被告の負担となることから、原告は被告に右費用を負担するよう求めた。しかし、被告は資力がないことを理由に、原告が改装費用を負担するよう要求したので、改装は実現しなかった。

そのため、被告は、全面改装ではなく、カウンターの改装など五点の部分改装を申し入れ、原告は、一旦この申し入れを受け入れた。しかし、カウンターの改装に伴い必要となる給排水施設などの改装費用は、被告が負担しなければならないものもあった。しかし、被告が原告に対して右の費用を負担することを求めたことなどから、右の改装も実現しなかった。

なお、被告においてカウンターの改装をした上でポスレジスターを増設することを原告に要求していたこともあって、ポスレジスターの増設は遅れ、ポスレジスターが増設されたのは平成八年七月一七日であった(甲一、甲一〇、乙二、乙二〇、被告本人、弁論の全趣旨)。

3　右の事実によれば、改装費用の負担は本件契約と一体となる甲第一〇号証によって予め定められていたところ、カウンターの改装に伴って必要となる給排水施設の改装費の負担等を被告が拒んだことがカウンターの改装を遅延させ、あるいは、カウンターの改装を待ってポスレジスターの増設を行うことに被告が拘っていたことが、ポスレジスターの設置を遅延させた主要な原因であったと認められる。

したがって、原告がカウンターの改装及びポスレジスターの増設に速やかに応じなかったことにその責に帰すべき事由があるとはいえない。すなわち、原告が本件契約上の債務を履行しなかったと認めることはできず、他に原告に債務不履行があったことを認めるに足る証拠はない。

よって、被告の債務不履行解除の主張は理由がない。

四　争点2について（本件契約及び本件覚書の解約金規定等が、公序良俗に反するか否か）

1　本件契約書（甲一）によれば、本件契約四三条は、被告が営業上の改善を目的として貸与物件の取替え又は新規導入を希望するときは、その旨を原告に文書により申出をし、原告の文書による承諾を得ることが必要と規定していること、本件契約四四条は、被告は店舗及びこれに付帯する物件の仕様・設備がすべてファミリーマートシステムに基づいて、建築・整備されかつレイアウトされたものであることを承認し、原告の文書による承諾を受けない限り、これを変更することはできないことを規定していることが認められる。

前記第三の三で指摘したとおり、本件契約は、原告が被告に対して、統一的な商標やサービスマークを使用し同一のイメージの下にそれぞれ特定の店舗においてコンビニエンスストアを営業する権利を与えるものである。そして、本件契約四三条及び四四条は、店舗及び店舗内の備品の仕様・設備を統一することにより、統一的な商標やサービスマークの使用とともに、本件店舗がフランチャイズチェーンのイメージに統一し、ひいては本件店舗を原告のフランチャイズチェーン店として経営に成功することを目的とするものであると解されるから、右規定の目的には合理性が認められる。また、原告のかかる統一的な統制、指導及び援助の下に、フランチャイジーは、経営知識又は経験が乏しくても、その事業能力を強化することができるのであるから、右約定による事業活動に制限は独禁法上の正当なものとして評価できる。したがって、右約定は不当な拘束条件付取引には該当しないというべきである。

2

(一) 本件契約は、加盟店から中途解約をする場合、解約金、貸与物件の原状回復費用、除去する貸与物件の法定残存簿価及び閉店手数料の支払義務を加盟店が負うと規定しているから(本件契約五五条)、加盟店側からすれば、経営難等の都合により解約をする場合にも、相当多額の金員の出損を覚悟しなければならない場合があり、実際上、解約申出には相当な経済的ないし心理的制限が課されることは容易に推認できる。営業の自由や経済活動の自由は重要な基本的人権の一つと考えられるから、これに対する制限は社会的良識や正常な商習慣に照らし合理的に必要な範囲にとどめられるべきであり、右範囲を超えた場合には、その全部又は一部は公序良俗に反して無効と解すべきである。そして、フランチャイズ契約などの継続的契約の解約金などの条項の公序良俗違反を判断するに当たっては、当該条項の趣旨、目的、内容、それが締結されるに至った経緯、契約両当事者の経済的力関係等、証拠にあらわれた諸般の事情を総合的に考慮して、契約の当該条項が契約の一方当事者が自己の取引上の優越的地位を利用して、正常な商習慣に照らして不当に相手方に不利益となる取引条件を設定したものとみられるものか否かを決するべきであると考える。

（二）本件についてこれをみると、本件の解約規定の趣旨は、前記第三の三で指摘したとおりであり、その趣旨・目的に一定の合理性が認められることは明らかである。確かに、被告が単なる個人であるのに対し、原告はコンビニエンスストアを全国展開する大企業であるから、経済力において差は認められるが、平均月間営業総利益の三五パーセントの六か月分という解約金は、前提とする解約期間や社会通念に照らしても不相当に高額であるとは認められないし、原告の都合により解約する場合には原告は加盟店に対し平均月間営業総利益の六五パーセントの六か月分の解約金を支払う旨を規定しているから、解約規定が不公正ともいいえない。また、貸与物件の原状回復費用及び法定残存簿価並びに閉店手数料を加盟店に求める本件契約が、その内容を考慮しても、私的自治の原則を排除してまで、その効力を否定すべきものであることかを認めるに足りる証拠はない。

なお、被告は、解約金は、契約が中途で打ち切られることにより原告が投下した資本を回収できなくなることを回避する目的で定められたものであるから、契約更新後にも、当初の契約と同一の条件で解約金規定を定めることは公序良俗に反するとも主張する。しかし、本件契約の解約金の規定は、フランチャイジーの都合による解約から生じるフランチャイザーの損害を填補し、フランチャイザーが投下資本を回収することを可能にするという目的を有するのみならず、一定の地域に計画的な店舗展開を図る必要から、加盟店の安易な解約を防止するという目的をも有するものと考えられるのであって、契約を更新した場合に、新たな契約期間（本件では一二〇か月）との関係で、どのような解約金を定めるか否かは、基本的には私的自治の原則に服するものである。そして、本件解約金規定の内容が公序良俗に反していないことは前記のとおりであるから、被告の右主張は採用することができない。

3　以上によれば、被告が主張する各規定は、不当な拘束条件付取引に該当するものではないし、原告が自己の取引上の優越的地位を利用して、正常な商習慣に照らして不当に相手方に不利益となる取引条件を設定したと評価することもできず、その他本件全証拠を検討しても、右の約定が公序良俗に違反して無効であるとしなければならない事実は認められない。

よって、本件契約及び本件覚書の解約金規定等が公序良俗に反する旨の被告の主張は理由がない。

五　争点3について（本件解約契約が公序良俗に反するか否か）

1　まず、前項で検討したとおり、本件契約及びこれと一体となる本件覚書自体は公序良俗に反しないから、これらが公序良俗に反することを前提とする被告の主張は採用できない。

2　次に、被告は、本件解約契約は、本件店舗の営業地域における同種店舗の増加、本件店舗の陳腐化により、被告が経営を継続することが困難になった状況の下、原告が、被告に比べ圧倒的な経済力を有し、原告の同意がなければ被告は本件店舗を利用できないという立場にあることを利用し、本件契約及び本件覚書の原告に有利な条項を根拠として被告に押しつけたものであるから公序良俗に反するとも主張するので検討する。

前記第三の二で認定したとおり、被告の本件店舗からの利益は、平成七年以降減少してきており、平成九年九月に本件解約契約を締結したころには、被告は既存の店舗を利用して新たな事業を展開することを検討していたこと、そして右の店舗展開を図るためには、早期に原告との関係を精算する必要があったことが認められる。しかし、経営の転換等の新たな事業を展開するために、従前の契約を精算する必要が生ずることや、右の精算に伴い、約定に基づいて解約金等の清算金の負担を求められることは、ビジネスとして事業展開を図ってきた経営者にとって当然の事理である。そして、店舗経営によって生ずる営業利益は、景気の変動、他店舗との競合関係、消費者動向等といった諸要因によって容易に左右されるものであることは経営者として一般的に予想すべき事柄であることも考慮すると、被告の売上げが当初の予想に反して低減し、経営状況が苦境に陥ったといった事情のみによって、前記の事理の適用が左右されるものではない。

また、原告は、当初算出された六六四万円余りの精算金を、被告の事情も考慮し、被告代理人との交渉の過程でほぼ半額近くの三七二万円余りに減額したことが認められるのであって、原告と被告との契約期間が一〇年間にわたることも考慮すると、右の金額が正常な商習慣に照らして不当に被告にとって不利益ともいえない。

そうすると、被告が本件解約契約を締結するにあたり、原告が取引上の優越的な地位を利用して取引の条件又は実施につき相手方に不利益を与えたものとはいえず、他に被告の主張を認めるに足りる事実はない。

3 したがって、本件解約契約が公序良俗に反する旨の被告の主張も理由がない。

六 争点4について（原告の本訴請求が信義則に反するか否か）

1 契約締結過程における保護義務違反について

前記第三の三で指摘した本件契約の特質を考慮すると、フランチャイズシステムにおいては、フランチャイズに加盟しようとする個人は、店舗経営の知識や経験に乏しく、専門家であるフランチャイザーの提供する資料や説明に大きな影響を受けるのが通常であるから、フランチャイザーは加盟店の意思決定に際して客観的な判断材料になる適正な情報を提供する信義則上の義務を負っているものと解される。とりわけ、フランチャイズシステムにおける出店の成否は立地条件に左右されることが多く、売上や利益の予測等に関する事項は、フランチャイズ契約に加盟しようとする者にとって重要な要素となるから、フランチャイザーが、加盟店となろうとする者に対し、当該立地の出店の可能性や売上予測等について十分な説明をしなかったために、加盟店が営業不振になり店舗の経営を中止せざるを得なくなった場合にまで、前記の解約金の請求をすることは信義に反し、許されないというべきである。

そこで、本件において原告に右義務の違反があったか否かについて検討するに、被告が昭和六一年に原告との間でフランチャイズ契約を締結するにあたっては、前記第三の二で認定したとおり、原告は、立地、競合店舗の有無等の調査結果を踏まえて事業計画を作成し、契約締結前に被告に対し説明をしたことが認められる。また、その事業計画書中では、損益計画が示されており、開店から七年度までは、損益計画に従って本件店舗の営業利益も順調に伸びており、営業実績が損益計画を上回る年も四年度あり、下回った年でも四四万四〇〇〇円しか下回っていないことが認められる。右の事実によれば、原告は、加盟店の意思決定に際して、客観的な判断材料になる適正な情報を、被告が開店を決定するに先立ち提供し、信義則上の義務を履行していたものと認められる。

被告は、平成六年から平成七年にかけて、本件店舗の近辺に競合店舗が増加し、これが売上減少の一因となったことをもって、原告の調査が不十分であったとも主張するようである。しかし、当初のフランチャイズ契約時に、かかる予測をすることは必ずしも容易ではなく、右事実をもって、原告が被告に対し適正な情報を提供する信義則上の義務に違背したと認めることはできず、他にこれを認めるに足りる証拠もない。

2　契約履行過程における保護義務違反について

原告は、被告に対し、「フランチャイザーとして経営・技術指導等の援助をなす」（本件契約三条）義務を負っていたが、フランチャイザーは、コンビニエンスストアの経営に関し、蓄積したノウハウ及び専門的知識を有しており、加盟店はかかるフランチャイズシステムに加盟するものと認められるから、フランチャイザーの右義務は、契約締結後においても、フランチャイジーの店舗の立地条件、営業条件等に応じて効率的な経営からなされるように、適切な援助及び指導を行うことを内容とすると解すべきである。

そこで、本件について原告がかかる義務に違反したと認められるか否かを検討するに、原告は、前記第三の三で認定したとおり、近隣に同種店舗が展開してきたことも踏まえて、被告に対し、当初の契約を更新する際、店舗の全面改装を提案し、競争力を増加するなどの提案を行うなど、それなりに状況の変化に応じて指導助言をなしてきたことが認められるのであって（なお、ポスレジスターの増設及びカウンターの改装が遅滞したことについて原告に帰責事由がないことは既に第三の三で認定判断したとおりである）、右事実に照らすと、原告が適切な援助及び指導を行うといった信義則上の義務に違反したとまでは認めることができず、他にこれを認めるに足りる証拠もない。

3　したがって、原告の精算金請求が信義則に違反する旨の被告の主張も理由がない。

七　争点5について（本件解約契約が原告の強迫により締結されたものか否か）

被告が、平成一〇年九月一一日、原告の強迫を理由に本件解約契約を取り消すとの意思表示をしたことは、当裁判所の審理で顕著である。

前記第三の二で認定した事実、乙第二〇号証及び被告本人尋問の結果によると、被告が本件契約を解約することを決心した際、被告は本件店舗からの収入が少なくなっていたことに加え、借財の返済や父に対する賃料の支払のため、生活が苦しかったこと、被告は、人件費削減のため、本件店舗で自ら長時間働くことも多かったが、二四時間営業のコンビニエンスストアの経営は、肉体的にも精神的にも疲労が激しく、被告は九年余にわたる本件店舗の経営により、家庭生活がうまくいかなくなっていたこと、被告は本件店舗の経営のために従前の仕事を辞めており、本件店舗の開店のために実父が借り入れた借財を返還するためには、本件店舗を利用して事業を継続しなければならなかったこと、そして次の事業を始めるためには本件店舗内の原告所有に属する物品等を持ち出してもらうなど原告との契約関係を清算しなければならなかったことが認められ、これらの事実を総合すれば、被告は、窮状を脱し、自己の生活を軌道に乗せるために、やむなく本件解約契約に合意したことが推認できる。

しかしながら、他方、被告は、平成九年六月二七日付内容証明郵便をもって本件契約を解除するとの通知を原告にした以降、三角弁護士に本件契約の解約条件の交渉を依頼し、原告は三角弁護士を通じてのみ被告側と交渉していたこと、被告は三角弁護士から逐一交渉の経過の報告を受けていたことが認められ、他に原告から被告に対し、本件解約契約の締結に向けて何らかの強制が加えられたとの事実は認められない。

そして、被告が平成九年八月一三日に原告に自ら電話をし、解約条件を受け入れると回答してから、本件解約契約に署名捺印するまでには相当の日数があり、この間に被告としては三角弁護士に相談するなどして本件解約契約を締結することの当否を十分検討する機会があったことも考慮すると、原告の提示する精算条件で本件解約契約を締結することは、被告として不本意であったとまでは認められるものの、それ以上に、被告が原告から害悪を告知され、恐怖心に支配された状況のなかで本件解約契約を締結したとまでは認めることができず、他に被告の主張を認めるに足りる証拠はない。

したがって、本件解約契約が強迫により取り消された旨の被告の主張も理由がない。

八　結論

以上の認定及び判断の結果によれば、結局のところ、原告の本件請求は理由があるから認容することとし、主文のとおり判決する。

（口頭弁論終結の日　平成一一年一一月二二日）

〈資料集〉フランチャイズ規制法要項〈抜粋〉

二〇〇九年一二月　フランチャイズ研究会

目的

この法律は、フランチャイズ事業者の責務等を明らかにし、その事業の公正かつ適正な運営を確保するとともに、フランチャイズ事業者とその加盟者との間の情報の質及び量、交渉力並びに経済力の格差等にかんがみ、独立事業者である加盟者及びその従業員等の健康で文化的な最低限度の生活を営む権利を保障し、もって各地域社会及び社会全体の安定と健全な発展に資することを目的とする。

広告規制

フランチャイズ事業者は加盟者を募集するための広告において、事実に相違する表示をし、又は実際のものよりも優良であり、若しくは有利であると人を誤認させるような表示をしてはならない。

試用期間

フランチャイズ事業者は、加盟希望者とフランチャイズ契約を締結する前に、加盟者に対し予定された店舗において最低一月の試用期間を設けなければならない。

営業時間・休業

加盟者が経営者としての合理的判断に基づき、深夜及び早朝（午後一一時から午前六時までの時間をいう）において営業を行わない時間を設定すること及び営業時間を短縮することは加盟者が決定権を有しており、フランチャイズ事業者がこれを認めない条項、又は深夜及び早朝において営業を行わないことを理由に加盟者を不利に取り扱う条項は無効とする。

ロイヤルティ

フランチャイズ事業者は、フランチャイズ契約書に加盟者から徴収することを明示したもの以外には、名目のいかんを問わず、加盟者から金銭を徴収し、又は加盟者との取引において利益を得てはならない。ロイヤルティはフランチャイズ事業の指導の対価として合理的な根拠に基づき計算された適正な金額でなければならない。商品廃棄損等及びその発生に係る個別事情の開示されない仕入れ値引き等の部分に対してロイヤルティを賦課する条項は、無効とする。

加盟者の売価決定の自由

フランチャイズ事業者は、加盟者に対して個々の商品又は役務の販売価格の決定の自由を制約してはならない。フランチャイズ事業者は見切り販売をしたことを理由として加盟者を不利益に取り扱ってはならない。

商圏確保義務

フランチャイズ事業者は、既存の加盟者の商圏を不当に侵害する可能性のある新規出店を行う場合には、事前に既存の加盟者と誠実に協議しなければならず、不当な侵害が生じた場合には、適切に補償しなければならない。

原価開示義務

フランチャイズ事業者は、加盟者に対して原材料又は商品を販売する場合には、加盟者が他の者から商品を仕入れるか否かを決定する機会を与えるために、必要な情報を提供しなければならない。

更新拒絶

フランチャイズ事業者は契約更新を拒絶するときは、期間満了の六月前までに通知し、更新を拒絶する正当な事由があると認められる場合でなければ、更新を拒絶することはできない。

フランチャイズ契約の解消

加盟者は、契約締結後、フランチャイズ事業を開始した日から起算して九〇日以内であれば、申し込みを撤回し、又は契約を解除することができる。

団結権

フランチャイズ事業者は、加盟者が他の加盟者又は他のフランチャイズ事業の加盟者と団体を結成することを妨げてはならない。

フランチャイズ事業者は、加盟者団体から、契約条件の見直しその他の事項について団体交渉を求められたときは、これに誠実に対応しなければならない。

〈資料集〉フランチャイズ契約の解約に関する契約書

後記表示の甲と乙とは、ファミリーマート・川口柳崎店（以下FC店という）の運営に関し、甲・乙間で締結した一九九四年二月一四日付「ファミリーマート・フランチャイズ契約」及びその付帯諸契約（これらの契約を総称して以下FC契約という）の解約に関し、本日、以下の通り「フランチャイズ契約の解約に関する契約」（以下本契約という）を締結した。

第1条（解約）

甲・乙は次条以下の条件で、FC契約を一九九七年九月一〇日（以下解約日という）をもって解約することを互いに約した。

第2条（商品・用度品等）

① 甲は、解約日現在におけるFC店内の商品在庫のうち、甲又は乙の関連会社のプライベートブランド商品及びその他甲が特に指定した商品は甲の指示のもとに店間品振・値下処理等を行い、解約日の帳簿在高を棚卸減とみなし、乙の負担とする。用度品は甲が指定するものについては店間品振を行う。

② 甲は、解約日のFC店内の現金を、一時管理のもとに預かり、日常の売上金と同様に現金決済勘定の貸方に計上する。

第3条（什器・備品等）

① 乙は、甲から貸与を受けている設備・什器を解約日に棚卸をし、過不足がないことを確認し、これら全部

を甲に返還する。なお乙は、右設備・什器について、その取外し・運搬費用及び甲が算出した解約日現在の残存簿価（八〇万円）を甲に対し負担する。

② 乙は、「フランチャイズ契約書」・「その他の関連契約書」・店舗運営マニュアル」・「オーダーブック」・「フェース表」・「取引先一覧」その他の資料・書類は解約日までに返還する。

第4条（閉店手数料）

乙は、解約清算のために必要な事務経費（閉店手数料）として八万円を負担する。

第5条（解約金）

乙は、ＦＣ契約第55条第（2）項の定めに拘わらず、解約金として金一九〇万円を甲に支払う。

第6条（適用）ＦＣ契約の解約に関する双方の取決めは、本契約に定めるほかは、すべてＦＣ契約の定めによる。

第7条（最終清算）

甲・乙は、本契約の各条項に記載する甲・乙双方の債権・債務（消費税等の対象となる事項は消費税等を加算）を現金決済勘定に計上し、ＦＣ契約第64条の定めに拘わらず一九九七年一一月末日までに甲が作成する「最終財務報告書」に基づいて甲が乙に清算を申し出た日に現金決済勘定に計上された債権・債務一切を最終清算する。なお、甲・乙は右清算金の弁済のほかは、互いに相手方に対し、ＦＣ契約に係わる一切の債権・債務がないことをそれぞれ確認した。

上記成約の証として本証書2通を作成し、甲・乙各自記名捺印のうえ、各1通を保有する。

一九九七年九月一五日

甲　東京都豊島区東池袋四丁目二六番一〇号

株式会社ファミリーマート
代表取締役社長　　後藤　茂
乙　川口市北園町三四―四四
新藤　正夫

〈資料集〉 契約更新（再契約）に関する覚書

株式会社ファミリーマート（以下甲という）と新藤正夫（以下乙という）とは、甲・乙間で昭和六二年一月一六日付締結した「ファミリーマート・フランチャイズ契約」及びその付帯諸契約（以下これを総称し「現契約」という。後記「現契約一覧表」のとおり）を、本日改めて締結する「ファミリーマート・フランチャイズ契約」及びその付帯契約（これを総称し「新契約」という。後記一覧表のとおり）をもって契約更新（再契約）することに関し、本日、次のとおり「契約更新（再契約）に関する覚書」（以下本覚書という）を締結した。

第1条（更新等）

甲及び乙は、現契約を一九九四年二月一日（以下更新日という）をもって新契約にて契約更新（再契約）したことを互いに確認した。なお、新契約において開店日と記載するときは右更新日を称する。

甲及び乙は、現金決済勘定は契約更新（再契約）の際にも中断せず、原契約上の現金決済勘定として引継ぎ、店番も変更しないことを確認した。

但し、乙が甲に対し、原契約に基づき預託した元入金二五〇万円は、更新日に次のとおり処理する。

1 原契約の元入金二五〇万円のうち、商品購入準備金一〇〇万円、用度品準備金三〇万円、両替準備金二〇万円、以上一五〇万円は、新契約の元入金一五〇万円（商品・用度品準備金一一〇万円、両替準備金四〇万円）に振替充当する。

2　原契約の元入金のうち什器設備保証金一〇〇万円は、新契約上の現金決済勘定に計上する方法により甲から乙に返還する。

第2条（改装）

甲及び乙は、契約更新（再契約）に伴い、甲・乙協議のうえ決定した仕様に基づき、乙が乙の負担と責任で店舗施設の内装・設備を改装工事を行うため、営業を休業するときは、次の事項に従うことを互いに約した。なお、右営業休業の初日を本覚書において閉鎖日という。

1　甲は閉鎖日の店舗内の現金を、一時管理のもとに預かり、売上金と同様に扱う。

2　乙は、原契約に基づき甲から貸与を受けている販売用設備・什器を内装等改装工事に着手した日に棚卸をし、過不足がないことを確認して甲に返還する。

●著者紹介

新藤　正夫（しんどう　まさお）

コンビニエンスストア元加盟店オーナー。ＦＣファミリーマートで約10年、解約後、別の店を含め約20年間、コンビニの経営に携わる。埼玉県川口市在住。

コンビニ商法《しょうほう》　契約《けいやく》の罠《わな》――ファミマ元《もと》オーナーの体験記《たいけんき》

2019年5月12日　初版第1版

著　者　新藤《しんどう》　正夫《まさお》
発行者　新船海三郎
発行所　株式会社　本の泉社
〒113-0033　東京都文京区本郷2-25-6
電話 03-5800-8494　FAX 03-5800-5353
http://www.honnoizumi.co.jp/
DTP　株式会社西崎印刷
印刷　新日本印刷株式会社
製本　村上製本所

ISBN978-4-7807-1929-1　C0036